「友好」のエレジー

中国人がみる「日中国交正常化五十年」

北京大学教授
賀衛方
CYセルジー・パリ大学教授
張倫
ジャーナリスト、作家
賈葭
神戸大学名誉教授
王柯［編］
コラムニスト、作家
唐辛子
現代中国文学者
劉燕子
東北亜未来構想研究所所長
李鋼哲
作家
慕容雪村

藤原書店

序

王　柯

「共産党、退陣しろ！」（「共産党，下台！」）

二〇二二年十一月二十六日の夜、上海市のウルムチ中通りで、大勢の人々が拳を振り上げた。これは、一九八九年の民主化運動の時でさえなかった、七三年間の中華人民共和国史上初めてのことで、歴史が曲がり角を迎えた瞬間だった。

思想の自由、言論と表現の自由、信教の自由、そして恐怖からの自由をすべて許されない、共産党一党独裁の「中華人民共和国」では、共産党に退陣を要求することは、死罪や重罪を意味する。しかし、ここ数年、中共政権対中国人民という社会構図はいっそう鮮明になり、人々の心がますます中共政権から離れたのも事実であり、最高指導者の個人意志で強硬に行われたゼロコロナ政策は、これをいっそう加速させた。

この日、政治的迫害を避けるために、人々は「白紙」を掲げて続々とこの場所に集まった。ロックダウンによって火事から逃げられなかった、新疆ウイグル自治区ウルムチ市の市民たちを追悼するためだった。ところが突然、誰一人躊躇することなく、全員が声を揃えて、「共産党、退陣しろ！」と連呼し始めたのだ。これは、中国人民が真に望んでいるのは、ゼロコロナ政策の中止というより、一党独裁の政治体制との訣別であり、「革命」である、という宣言であったのだ。「共産党、退陣しろ！」というスローガンは、たちまち中国国内および世界各国の中国人たちが、中共政権に対する抗議デモで必ず使う、合い言葉となった。

「白紙革命」は、疑いなく中共政権の鎮圧に遭う。国際社会は、中国人民の側に立つか、それとも一党独裁政権への宥和を取るかを選択する岐路に、ふたたび立たされる。このような事態は、今後いっそう増えるに違いない。天安門事件の後、国際社会に先んじて中国に対する経済制裁を解除した日本は、これからもこのような民意を踏みにじる独裁体制に対して宥和政策を取り、「友好」を語り合い続けるのだろうか。

＊　＊

いかなる名のもとにおいても、
悪党を助ける者は、結局、悪党から被害を受けた者にだけではなく、
悪党にも軽蔑される。
悪党を助ける行為を正当化する者は、結局、悪党から被害を受けた者にだけではなく、
悪党と悪党を助ける者にも軽蔑される。
これは、歴史が証明した人間社会の掟である。

人民の民主主義・自由・平等・法治・人権への憧れさえ認めず、善悪を判断する力を体制的に失った、独裁政権との関係維持にしか腐心しない「外交」は、当然人民からは「友好的」なものと認められない。
民主主義・自由・平等・法治・人権が中国において実現すれば、真の日中友好が初めて

訪れる。

いわゆる「五〇周年」を前に、そのような普遍的価値の実現と実践が何よりも重要だと考えている中国人が集まり、自ら経験した「日中国交正常化」に対する希望から失望への思想遍歴を、絶望が訪れないようにするために記した。

二〇二二年十二月

「友好」のエレジー　目次

7　想像された日本と日本人 …………… 167

作家　慕容雪村

装　丁＝毛利一枝
校正協力＝嶋津弘章

「友好」のエレジー

中国人がみる「日中国交正常化五十年」

「満足した豚であるより、不満足な人間であるほうがよい。満足した愚者であるより、不満足なソクラテスであるほうがよい。」

J・S・ミル

1 「信念を貫き五十年、得たのは落胆のみである」(1)

——日中関係に対する私見と努力——

北京大学教授　賀衛方

賀衛方（HE Weifang）　一九六〇年生まれ。現在、中国北京大学法学院教授、著名な法律学者。法治や言論の自由に関する提言を続け、二〇〇一年第一期『中国青年』（共産党系青年団の機関誌）によって「二一世紀中国に影響を与える百名の青年」にリストアップされた。二〇〇八年十二月、劉暁波（ノーベル平和賞受賞者）が発表した「〇八憲章」にいち早く署名し、二〇一一年にアメリカの*Foreign Policy*誌（「外交政策」）によって「世界百人の思想家」に選ばれた。それ以降、ＳＮＳにおける発言がますます制限され、ウィチャットのアカウントはこれまで六回も取り消された。主な著書に『中国法律教育之路』（政法大学出版社、一九九七年）、『司法的理念与制度』（政法大学出版社、一九九八年）、『運送正義的方式』（上海三聯書店、二〇〇二年）、『具体法治』（法律出版社、二〇〇二年）、『超越比利牛斯山』（法律出版社、二〇〇三年）、*In the Name of Justice: Striving for the Rule of Law in China*, Brookins Institution Press, 2012. 11,『逍遥法外』（中信出版社、二〇一三年）、『法辺余墨』（法律出版社、二〇一五年）など多数。

＊扉写真　垂《たるみ》秀夫駐中国日本大使（左）と筆者
（筆者提供）

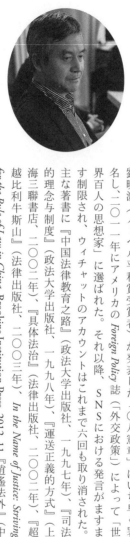

1　なかなか別れられない「愛憎一体の仇敵」

中国と日本が正式な外交関係を樹立してから、つまり、日本の外交相手国として大陸[1]の中華人民共和国が台湾にある中華民国に取って代わってから、ちょうど半世紀が過ぎた。一般の文献では「日中国交正常化」の時代と呼ばれる。この五十年間、両国の間には「代々友好的にやっていく」と我れ先に発言する蜜月期もあれば、紛争が次々と起こり、摩擦が絶えない困難期もあった。しかし、最も驚愕すべきなのは、五十周年記念の今、両国が氷河期に入ったと言えるほどの冷えびえとした関係になったことだ。日本における世論調査では、中国に好感を持つ人の割合は低下し続け、今や一割未満の最低レベルに達している。中国には信頼できる世論調査はないが、国民の間で起こる反日感情の「周期的な発作」は、

(1)「平生独往の願い、惆悵《ちゅうちょう》す（嘆き悲しむ）年半百」（信念を貫き暮らしてきたが、五十年過ぎて得たのはがっかりした心情だけ）。出所は唐代の詩人杜甫の詩「立秋後題」。

依然として無視できない現象である。政府レベルの付き合いはまばらで、政治関係は冷ややかだ。中国政府が国内の問題とみなしている香港や新疆などにおける人権問題についても、日本政府の関係者が珍しく中国を公に批判するようになった。学術界や教育界では、両国間の交流に多くの抵抗があり、かってのような頻繁な人的往来や、盛んな共同シンポジウムの開催は見られなくなった。

一九八〇年代の両国の政治・経済・文化交流の最もホットな時期を経験した学者として、まるで隔世の感の昨今の変遷に、今はただただ、「今夕は是《これ》何《いず》れの年ぞ」（社会が知らないうちに激変したのが寂しい。宋の詩人蘇軾の詞「水調歌頭」の一節）と感慨無量である。

もちろん、日中関係そのものの特殊性と複雑性については、かなり理解しているという自負もあった。戦争の苦難を忘れてはならないのに、一部の日本の右翼が時々発していた耳障りな発言、また、靖国神社参拝問題で露わになった両国間の死者に対する感覚の違いは、軽視すべきものではない。最も重要なのは、政治体制とイデオロギーの潜在的または顕在的な衝突は、常に両国関係に危機をもたらす「病巣」だ、という認識である。

たとえ一部の一般の人から見て、両国国民の親近感を深めるのに役立つものでも、両国関係を悪化させる要素となった。たとえば、千年以上の文化交流の偉大な成果として、奈良に残る唐風の寺院、日本語に大量にある漢字と漢文の故事、中国の古典に由来する天皇の元号や地名、機関名など、日本の文化には中国を起源とするものがたくさんある。一部の中国人は、それらを日本文化に及ぼした中国の影響と誇張し、明治維新以前の日本のあらゆるものはすべて中国起源だ、と傲慢に思っているが、本居宣長、福沢諭吉から今日の学者まで、一部の日本人はむしろこのようないわゆる中国渡来の事項を、日本文化の純正性や日本の近代化を妨げるマイナス要素とみなしてきた。たとえば、一九七七年に、現代日本の言語史家で筑波大学副学長を務めた林史典《ちかふみ》は、ある宿命論的な口調でこう語った。

いうまでもなく漢字は日本語とは性格・構造の大幅に異なる中国語を基盤として成立し、発達した文字である。それがそのまま日本語に適合するはずもなかったし、事実この異質の言語を起源とする文字を自らのものとするためには、長い苦難に満ちた歴史の道のりを免れることはできなかった。日本語は、今日なおその延長線上にあるといっても過言ではない。

（林史典「日本における漢字」〔岩波講座『日本語8　文字』岩波書店、一九七七年、所収〕。子安宣邦《のぶくに》『漢字論——不可回避的他者』〔顧春訳、三聯書店、二〇二一年〕一四頁への引用を参照）

いずれにしても、「一衣帯水」でありながらも「愛憎一体の仇敵」かのような二つの国の間に良性の助け合いの関係を築くことは、依然としてかなり難しいことである。しかも、将来の長い時期においても、そのような安定した枠組みが形成される可能性は低いとしか思えない。

2　改革開放という夢への幻滅？

最近流行している説がある。それは、過去四十年余りの間に中国の改革開放は、日本や西側諸国に、外資の導入に伴い私有企業が発展し、経済が成長し、企業家層と中産層が台頭して、政治体制とイデオロギーに大きな変化をもたらすに違いない、という幻想を抱かせ、誤った判断をさせた、というものである。つまり、中国は第二次世界大戦後に形成された西側主導の国際秩序の中に平和的に溶け込み、国民の民主的自由、そして誠実な協力と正義に対して正しく判断し、世界の大家族の一員になるだろう、と信じ込み期待していた。しかし、この十年間、中国政府のさまざまな行動を見て、日本でも米国でも、多くの人が悔しい気持ちで「それは破滅したバラ色の夢にすぎない」と認めた。さらに、これまで中国が示してきたさまざまな美しい言葉遣いや姿勢は、最初から相手を欺くためのものであり、もっと早く見破っていれば、その後の不要な誤りや損失は多くが避けられたはずなのに、と悔やんでいる、というのである。

私は、過去五十年間の歴史的出来事をすべてこのような陰謀論で解釈してしまうと、偏りと単純化を免れない、と考えている。つまり、当時の中国の対外開放と社会全体の変革の原動力は、決して中国共産党と政府の上層部の決定だけが生み出したのではなかった。改革開放路線が導入される以前の毛沢東路線に対する否定と、その際に打ち出された近代化の国策は、国民を縛っている手かせ足かせが徐々になくなるという予兆になり、開かれた国の門戸の隙間から入ってくる外部世界、とくに西側世界の情報は国民に大きな衝撃を与え、たちまち、西側モデルに基づいて中国の制度と文化を変革しよう、という要求が生まれた。これこそ、政権側の政策決定を前進させる強大な原動力だったのである。

ここで個人的な経験を例として挙げてみよう。中国で大学入試が再開された年に、最初の大学生として入学し法律学を専攻した我々は、一九七八年の冬に初めての日本映画、高倉健や中野良子が主演した『君よ憤怒の河を渉《わた》れ』（中国語版『追捕』）を見た。これは文革後の中国が資本主義の先進諸国から最初に輸入した映画である。この映画が輸入された理由は、暗黒勢力が警察や司法を操るという映画が描く物語は、観客に資本主義の弊害に対する認識を深化させる教育的役割を果たす、という点にあった。日本ではさほど大きな反響を呼んでいないと聞いたこの映画が中国で収めた成功は、ギネスの世界記録に載るほどで、八億人の中国人がこの映画を見たという統計がある。おそらく八億というのは延べ人数と思うが、その中には私のように五回も見た例も含まれている。

食後やお茶の時間に、人々は生き生きとした表情で映画のストーリーについて討論し、何人かの俳優に惚れ込み、争って彼らのせりふ、表情と演技の真似をした。甚だしきに至っては、彼らの服装、とくに「矢村警部」（原田芳雄）が着ていたダスターコートが、格好良いものとして流行した。私たち法律学科の男子学生は、将来自分も「杜丘冬人」（高倉健）

のような検事になり、同時に「真由美」（中野良子）のような美しく勇敢な彼女に出会うことに憧れた。映画に映し出された日本の経済の繁栄ぶり、たとえば林立する東京の高層ビル、道路上の絶えることのない自動車の列、真由美の父の自家用飛行機、さまざまな精巧で美しい器などのすべてが、過去に教科書で学んだ資本主義に対する批判をすべて打ち砕き、日本のような国こそ私たちが学ぶべき手本である、と悟らせたのである。

中国の開放と改革を推し進めたのは、このような映画だけではなかった。外国に行ってきた人々が帰国してからみんなに伝えた見聞や、すばらしい製品を製造する外資系企業がますます中国に入り、それに伴って西側の企業経営のやり方や企業文化が入ってきたことも追風となった。出版社も大量の西側の書籍を翻訳出版し、一九八〇年代半ばから資本主義・民主・人権・自由・法治・憲政などかつて批判された思想が、すべてプラスの意味を持つものとなった。当局としては社会主義という旗印を手放すことはできないが、言っていることと実践していることの乖離が明らかにますます広がり、政府も「小康社会」、「三つの代表」、「科学的発展観」など、人々がその内実を摑みにくいスローガンを使って、世間の目をくらますしかなくなったのである。

一つの奇妙な現象は、共産党の人々の思考に大きな影響を与えた、いわゆる唯物史観、つまり、経済的基礎の変化につれて巨大な上部構造はいずれくつがえる、という理論も、ある程度、党国体制の指導者に強い心理的暗示を与えていた、ということだ。それは、まさに前述したように西側諸国が期待していたことで、経済分野の開放と富の成長がおのずから政治制度と人々の観念形態を変える、ということである。これは、鄧小平のような指導者がなぜ市場経済と対外貿易を積極的に推進したにもかかわらず、政治改革と憲政改革などの政治体制にかかわる面では慎重であったのか、ということを、ある程度説明してくれる。つまり彼らは、経済発展を達成すれば、政治分野の改革については、「水が流れてくれば用水路ができる」(条件が備われば物事は自然に順調に運ぶ)と信じていたのである。

日本の外務省が発行する雑誌『外交』(巻一二、二〇一二年七月刊)に掲載された「中国　法治建設の行方」と題する拙文の中で、私は当時起こった薄煕来事件[2]と結びつけて、鄧小平が主導する改革開放戦略が直面した苦境を分析し、薄煕来がなぜ台頭し、また敗走したのかを解説した。実際、鄧小平が主導する改革は、経済の急速な成長のほかにも、中国の政治、法治、文化、社会など多くの面で深刻な変化をもたらしたのである。しかし、自らの価値観の限界と後世の指導者たちの難題解決能力への根拠のない信頼によって、鄧小平は一九八〇年代半ばに最も困難な政治改革を推進する大きなチャンスを逃した。そのため、彼の死去に伴い、政治制度と政治文化の変革の遅れはますます市場経済の発展を阻害し、官界の気風を悪化させ、社会的対立を激化させる根本原因となった。この拙文の最後に、私はこのように述べた。

今年下半期の第一八回党大会は一つの転機になる可能性が高い。しかし、我々が分析してきたように、法治のロジックを転換するには、イデオロギーの根本的な変更、

(2) 中国共産党中央委員会政治局委員であり重慶市共産党委員会書記であった薄熙来は、当時、二〇一二年秋に開催される中国共産党第一八回全国代表大会において中国の最高指導部である政治常務委員会入りする公算が大きい人物として注目されていたが、その年の二月に発生した側近のアメリカ領事館亡命未遂事件をきっかけに、妻による英国人実業家殺害、家の不正蓄財などの一連のスキャンダルが発覚し、政治的に失脚して、無期懲役が言い渡された。

独立した社会と政治力量の興起、より長い道のりの文化改造が必要である。とはいえ、薄熙来の「重慶モデル」の破産はやはり我々に一条の光を与えてくれた。結局のところ、法治以外にはこの長い歴史を持つ国を自由と幸福の方向へ導く道は存在しない。今の国民が考える合理的な政府というのは、昔とはまったく異なるものである。(3)

今思えば、十年前のこのような判断は、実に慎重な悲観か、それとも抽象的な楽観によるものだった。十年来のさまざまな出来事は、目を見張り口がきけなくなるほどびっくりする、実に振り返るにたえないものばかりだった。現在のような地球村化(グローバル化)のもとでは、一国の内政で起こるさまざまな自由と人権への抑圧事件は、外交にも影響を与えること必至である。言うまでもなく、中国と西側諸国及び日本との間の外交的緊張は、民間交流、文化交流が遭遇したさまざまな妨害を含めて、今、半世紀の中で最も高まっている。最も不安なのは、近い将来には好転するだろうという希望の光がまったく見えないことである。これは、日中両国関係に常に危機が訪れる要因の一つといえる。

3　中国における日本研究のブーム

日中関係の未来に話を移すと、政治制度とイデオロギーの違いは重要な障害であるが、では、将来、中国が民主化を実現すれば両国関係が順風満帆になり、和気あいあいとしたものになるのかといえば、ことはそう簡単ではない。民主化がむしろ、より強いナショナリズムの浪を呼び起こすこともあり得る。それは、すでにポスト共産主義時代のロシアの歩んだ道が証明している。両国間の親善を真に実現するのに最も重要なのは、より広範な国民間の相互理解と尊重、とくに「異文化」の国同士としての理解と尊重である。

ある日本の漢学者は、日中関係の多くの困難は、双方が相手を深く理解していると思い込んでいるため、自分の考えで相手をはかることが避けられないことから来る、と述べた。

(3)　この引用文は、「中国　法治建設の行方、薄熙来事件の啓示と改革への苦難」(前出『外交』六五頁)を参照しながら、翻訳者が中国語の原文に照らし合わせて、今回改めて手を加えたものである。

靖国神社参拝の難題はその一例であり、両国の死者に対する観念の違いは相手に理解されず、受け入れられず、周期的な衝突を招いた、という。その点では、高橋哲哉の『靖国問題』の中国語訳本が二〇〇七年に北京で出版されたことには意味がある。著者は参拝を批判する自由主義学者だが、この本では靖国神社とその参拝事項をめぐる日本国内のさまざまな異なる考えと行動とその背後にある論理が提示されており、中国の読者がより全面的かつ複線的に靖国神社問題を理解するのに役に立つ。

早くも一九七〇年代に、著名な漢学者吉川幸次郎は中国の日本学の研究状況に対する不満を表明し、両国関係の順調な進展を自分の目で見たいという強い望みから、次のように述べている。「日中関係がうまくゆくためには、中国にも注文がある。もっとよく日本を、ことにその文明の歴史を、知ってほしい」「今のままでゆけば、日本文明の研究に関するかぎり、中国は、世界の最も後進国となるであろう」[4]。幸いなことに、そのときから状況は大きく変わった。まず、日本に関するさまざまな著作が大量に翻訳出版された。これは、以前、中国に輸入された日本の出版物のほとんどが漢学関係のものだった状況とだいぶ異なる。私の個人的な読書領域でも、本居宣長『日本物哀』[5]（中国語訳の出版年は二〇一〇年、以下（　）内は中国語訳の出版年）、岡倉天心『茶之書』と九鬼周造『粋的構造』の合本（二〇一六年）、加藤周一『日本文学史序説』（一九九五年）、同『日本人的皮囊』[6]（二〇一八年）、『羊之歌』（二〇一九年）、内藤湖南『日本歴史与日本文化』[7]（二〇一二年）、芳賀矢一『国民性十論』（二〇一八年、香港）、柳田国男『明治維新生活史』（二〇一六年）、小森陽一『日本近代国語批判』[8]（二〇一一年）、丸山真男『忠誠与反叛、日本転型期的精神史状況』[9]（二〇二一年）、さらにイスラエルのS・N・アイゼンシュタット[10]、カナダのE・H・ノーマン[11]、米国のE・O・ライシャワー（頼世和）[12]らによる日本研究の著作が翻訳出版された。それに加え、商

（4）鄭清茂「吉川先生の『二つの不満』」（『吉川幸次郎全集』第二〇巻月報、一九七〇年）。
（5）『紫文要領』と『石上私淑言』の合本。
（6）『日本人とは何か』講談社学術文庫、一九七六年。
（7）『日本文化史研究』講談社学術文庫、一九七六年。
（8）『日本語の近代』岩波書店、二〇〇〇年。
（9）『忠誠と反逆――転形期日本の精神史的位相』筑摩書房、一九九二年。
（10）岩波書店『日本――比較文明論的考察』（二〇〇四年）の著者。

務印書館が二〇〇五年から刊行し始めた『日本学術文庫叢書』、複数の出版社が参加する、『閲読日本（日本を読む）』という日本に関する図書の翻訳出版プロジェクト（高原明生など日本と中国の学者が審査委員を務める）、二〇一八年に始まった岩波書店と中国新星出版社による『岩波新書精選』、そして二〇一四年から続々と刊行されている『ケンブリッジ　日本史』シリーズなどがあり、ますますの盛観を呈している。

他方では、吉川幸次郎もあの世で慰められるかもしれないが、中国人学者による独創的な日本研究も出版され続けている。紙面に限りがあるので、読んだ本をここではいちいち取り挙げないが、全体的に見れば、日本の中国研究の水準に匹敵するものはまだ出ていないものの、時間が経てばそのうち、日本の同業者を驚かせる作品が誕生することも期待できる。

4　日本を歩きながら日本を理解する

私の本棚には日本に関する本が少なくないが、とはいえ私は日本を研究分野とする専門家ではない。とくに残念なのは、自分が日本語を知らないこと、それによって日本を理解する深さと広さに限界があることである。

最初に日本を訪問したのは一九九五年である。東京大学でのシンポジウムに出席する機会を利用して、わざわざ日光にある日本司法研修所を視察しに行った。当時、私の関心は主に中国の司法改革に集約されていて、合理的な司法試験と研修制度をどのように構築すべきかに多くの力を注いでいた。そうした関心からの考察により、中国に帰国してから「質の高い法律家をいかに育成するか――日本司法研修所訪問記」（培養高素質的法律家――日

(11) エドガートン・ハーバート・ノーマンは日本生まれのカナダの外交官、日本史学者。以下の日本語著作が中国語に翻訳された。『日本維新史』（『日本における近代国家の成立』時事通信社、一九四七年）、『日本的兵士和農民』（『日本における兵士と農民』白日書院、一九四七年）、『被遺忘了的思想家』（『忘れられた思想家――安藤昌益のこと』岩波新書、一九五〇年）。

(12) エドウィン・オールドファザー・ライシャワーはアメリカの外交官、歴史学者。駐日大使を務めた後、ハーバード大学の日本研究所長を務めた。中国語に翻訳された著作は『当代日本人――伝統与変革』（*The Japanese Today: Change and Continuity*, 日本語訳『ザ・ジャパニーズ・トゥデイ』文藝春秋、一九九〇年）である。

本司法研修所訪問記）という報告書を執筆し、簡略版と詳細版をそれぞれ、その年の『中国弁護士』と『南京大学法律評論』に発表して、学術界と司法界に日本の司法試験と研修体制に対する関心を引き起こした。その四年後、中国は、これから「法曹三者」[13]になる者が同様に合格する必要がある司法試験制度を構築した。しかし、慎重な考察と分析に欠けていたため、この制度設計には、試験とセットになるべき研修制度が構築されておらず、テストも日本のように二段階に設計されていないなどの大きな欠点が残された。

二一世紀に入ってから、私はますます多くの機会を得て、両国の文化交流事業に参加することができた。これには、とくに日本の駐中国大使館の支援に感謝すべきものがある。私は北京大学の研究室に、当時まだ国会議員だった菅義偉前首相を招き入れ、中国における法治国家建設の進展状況とその難しさを報告したことがある。また、国際交流基金の助成を受けて、二〇一二年に早稲田大学で客員教授として講演し、セミナーにも参加した。また、複数の招聘を受けて、京都大学、東京大学、東北大学、立命館大学、静岡県立大学、宇都宮大学、富士通研究所などの教育機関や研究機関で、中国の司法改革や法律教育などについて講演し、日本の学者や実務界と交流し、日本の国会における弁論を二回傍聴し、東京地方裁判所の裁判を何度も傍聴した。このように、日本側に中国のことを知ってもらうためにいささか微力を尽くすと同時に、中国帰国後、さまざまなメディアに文章を発表し、また、大学や実務界でのフォーラムや講演を通じて、中国側に日本の制度と観念に対する理解を深めさせ、日本から学ぶべきところの紹介に努めている。

それだけでなく、過去十年以上にわたって、私は随行講師として、文化旅行団体による日本訪問にも参加している。このような文化ツアーの参加者は、ほとんどが弁護士、企業家、大学教員、記者、医師など、中産階級の人々である。彼らはすでに、以前のような観光名所への旅行に満足せず、むしろ歴史と文化に照準を合わせた、特定のテーマで企画された旅行に強い関心を持っている。たとえば、「日本開国の旅」というツアーでは、久里浜のペリー提督の上陸地点や横浜、函館など当時の歴史の舞台を訪れ、黒船事件の過程や日本開国の歴史的背景を私が参加者たちに語った。私はとくに、第二次ペリー艦隊とともに来日した中国人ローソン（羅森）の物語を取り上げて、彼の著作が吉田松陰の思想的変

（13）裁判官、検察官、弁護士のこと。

化に与えた影響を説明し(14)、幕府による意思決定の独特なメカニズム、日本開国に対する中国の影響などに対する聴衆の興味を喚起した。

また、「明治維新百五十年」をテーマとする旅行ツアーでは、明治維新胎動の地である鹿児島、山口をはじめ、京都、東京、水戸などを訪れた。その際の討論と思考の焦点は、明治維新という変革の本質はもちろんのこと、とくに大政奉還と版籍奉還などの激しい変革が幕藩体制の権力構造の破壊と後世の日本の国策の行方に与えた影響に絞った。このような考察旅行を通じて参加者たちは、明治以前の日本の政治制度が中国の伝統的な政治体制と本質的に相違していることを初めて知った。大津事件の発生地での私たちの討論会に、朝日新聞編集委員の吉岡桂子女史も参加し、その考察旅行に関する記事を同紙に発表したことを覚えている。

二〇一九年には、「内藤湖南の足跡をたどる」という視察ツアーを組み、誕生の地である秋田県鹿角《かづの》市から京都大学(法然院にある墓地を含む)、晩年の住まいである恭仁《くに》山荘まで、かつて暮らしていた地を歩きながら内藤湖南をめぐる考察をし、さらに、河合塾京都校と内藤湖南研究会の山田伸吾、葭森《よしもり》健介、松尾洋二ら数人の研究者と一緒に、内藤湖南の学説とその思想の現代的意義についての討論会を開いた。山田伸吾は後に発表した論文の中で、なぜ法律学者である私が内藤湖南、とくに湖南の初期紀行集『燕山楚水』に強い関心を持ち、力を入れて推薦しているのか不思議に思い、読み直してみたところ、多くの新たな発見があった、と書いている。[15]たしかに三十代の湖南による、中国の積弊の根源は商鞅が始めた井田を廃する田地の区画整理にさかのぼるという考察、さらに、郡県制の導入は商鞅によって役人の選任が民衆の福祉と関係しなくなったという判断は、鋭い洞察力がもたらしたものである。私の内藤湖南学説の理解については、拙文「世祚遐久（皇統永続）と君主制への制約」を参考にして頂ければありがたい。[16]

（14）賀衛方「黒船事件のローソン」（「黒船事件中的羅森」、『香港社会科学学報』二〇二一年春／夏号〔第五七期〕、三二一—六三頁）。

（15）「内藤湖南『燕山楚水』をめぐる問題状況についての解題と解説」（河合文化教育研究所『研究論集』第一五号、二〇二〇年十二月）参照。

（16）『ワセダアジアレビュー』No. 21、三六—四八頁。

内藤湖南故居「恭仁山荘」の前で（2019 年）

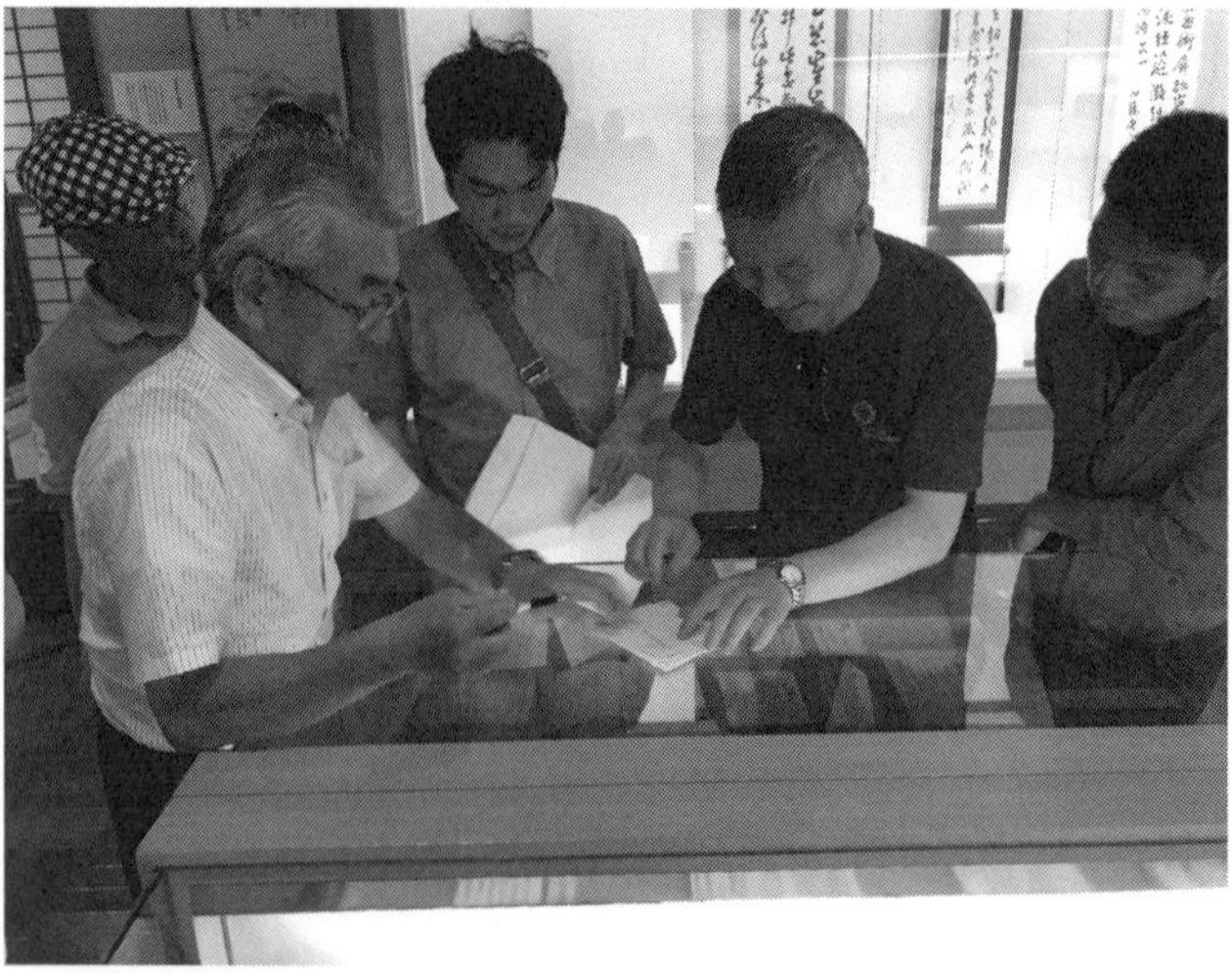

内藤湖南の故郷、秋田県鹿角市の先人顕彰館で交流（2019 年）

結び　「天命」と「独往の願い」

両国の関係がどん底にあるにもかかわらず、二〇二二年九月二十九日に北京と東京で、それぞれ国交正常化五十周年記念イベントが開催された。垂秀夫《たるみ》駐中国日本大使はその北京での会の挨拶の中で孔子の言葉「五十にして天命を知る」を引用し、両国の国交は成熟と安定の時代に入っている、両国は、両国国民の幸福と安寧、地域と世界の平和に力を入れることを「天命」とすべきだ、と今後への期待を示した。「天命」という言葉に接すると、八十年前に「天職論」が日本で議論されたことを思い出す。もちろん、五十年という時間の歴史的意義は、一人の人生と国家の歩んだ道とで大きく異なる。五十歳の人は、「惜しくも残りの日々はもう多くない（年皆過半百、来日苦無多）」[17]ことを知っているので、「惆悵す年半百」と思わざるを得ず、自分のやるべきことをできることについて、少年や青年の

（17）出所は唐代詩人韓愈の詩「除官赴闕至江州寄鄂嶽李大夫」。

時期とは異なる基本的な判断ができる。しかし、国家の歴史においては、五十年は短い一瞬にすぎず、両国関係の将来を分析するには、ここ二千年の歴史に対する反省が必要であり、この長い期間の、大きな歴史の天秤にかければ、五十年あるいは百年に発生したさまざまなことは、実は自ら体験した者が感じているほど重いものではない。重要なのは、むしろ現在の個人の努力の積み重ねである。一人一人の少しずつの「独往の願い」(強い信念を貫くこと)がひとつに集まれば、歴史のプロセスを変える大きなエネルギーになるに違いない。

(翻訳・王柯)

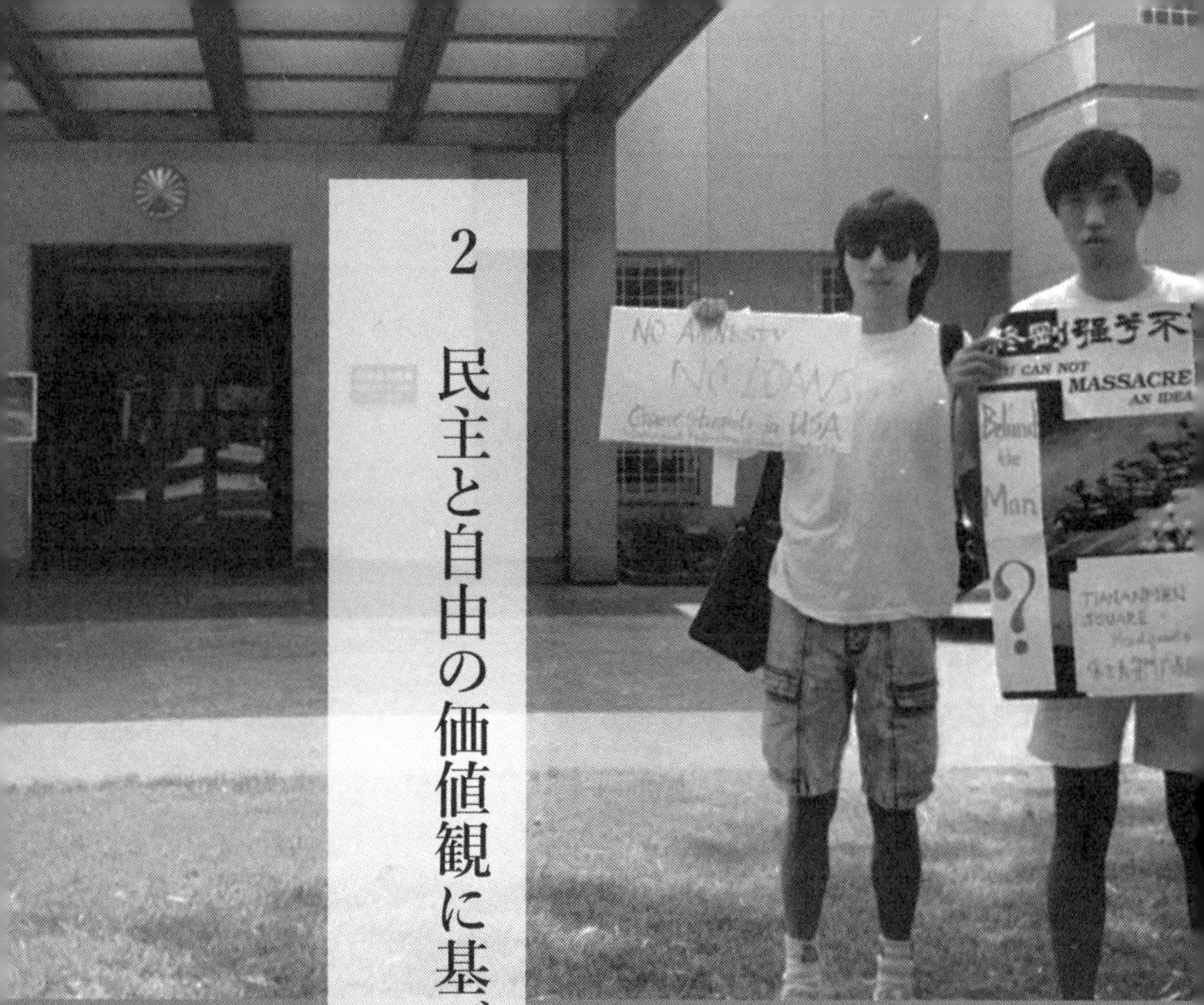

2　民主と自由の価値観に基づく協力関係を目指して

CYセルジー・パリ大学教授　張　倫

張倫（ZHANG Lun）　一九六二年生まれ。現在、フランス CY Cergy Paris University 教授、Agora 研究所研究員、パリ Maison des Sciences de l'Homme 研究員。社会学修士（北京大学）、社会学博士（フランス社会科学高等研究院、ＥＨＥＳＳ）。北京大学の大学院生時代に、中国経済と政治体制改革計画設計に参加。一九八九年の天安門事件に参加後、指名手配を受け、フランスに亡命。中・英・米・仏・独や日本（『読売新聞』『朝日新聞』）など、各国の複数のメディアにおいて発言。

主な著書に *La vie intellectuelle en Chine depuis la mort de Mao* (Paris, Editions Fayard, 2002), *La Chine en transition: regards sociologiques*, Paris, PUF, 2007.（共編著）, *La Chine désorientée*, Paris, ECLM, 2018;『巨変時代』（香港、溯源書社、二〇一二年）、『失去方向的中国』（台北、博大出版社、二〇一七年）、ZHANG Lun & Adrien Gombeaud, Améziane, *TianAnMen 1989, Nos espoirs brisés*, Seuil-Delcourt, 2019. など。

＊扉写真　一九九〇年、駐米日本大使館前で抗議活動（右が筆者）
（筆者提供）

1　天安門事件後の日本国駐アメリカ大使館前の抗議活動

一九九〇年の夏、北京のあの悲壮な民主的抗議運動（一九八九年六月四日の天安門事件）を経験したばかりの、中国をようやく脱出して間もない私は、会議に出席するために初めてフランスからアメリカへ渡った。その七月のある日、思いがけないイベントに参加し、数人の友人と一緒にワシントンの駐米日本大使館の前で小規模な抗議デモを行なった。暑い午後だったので、デモの参加者は私たち数人だけだった。時間が大分経ってから、ようやく大使館の秘書官の一人が出てきて私たちの抗議声明を受け取ったが、その後、何の回答も反応もなかった。大したことではないように処理されたようだ。それから三十年以上経った。我々には、当時の日本大使館の対応は想定内のことだったが、それでも今振り返れば、その後の日中関係に大きな悪影響をもたらす要素は、すでに当時の日本の対中外交政策にはらまれていたように思う。

北京で中国政府が軍を出動させて天安門広場の学生の平和民主運動を鎮圧してからわず

か一年、ベルリンの壁の崩壊からも数カ月しか経っておらず、北京で起きた鎮圧に対する人々の記憶はなお鮮明であり、それに対する怒りは世界じゅうでまだ続いていた。そして、共産主義陣営があっという間に崩壊する、めまぐるしい一連の大きな事件に、人々は衝撃を受けていた。冷戦が終結して世界じゅうが激動の雰囲気に浸り、ロマンチックで自信にあふれるフランシス・フクヤマ（Francis Fukuyama）の仮説が世界で流行った。彼の『歴史の終わり』（*The End of History and the Last Man*, 1992）はまだ出版されていなかったが、一九八九年夏に論文（「歴史の終わり?」）の形で発表された、世界じゅうで自由主義が勝利を収め、極権主義や権威主義には黄昏が訪れている、という彼の主張は、すでに人口に膾炙し始めていた。

しかし、今日になって人々が驚くのは、その素晴らしい予言が実現しなかっただけでなく、勝者とされた自由民主制度自体が、内から外までさまざまな深刻な脅威と挑戦に直面していることだ。このような局面をもたらした最も重要な要素の一つは、他ならぬ中国の台頭である。

ここ三十年来、中国は、グローバル化がもたらす便益を利用して国家重商主義の政策を推進し、その巨大な、ほとんど権利を持たず保護も受けていない労働人口で他国の経済を圧倒し、多くの先進国に産業の空洞化と失業をもたらした。このことは、これらの国家における強大なポピュリズムの再来に極めて重要な条件を用意し、民主主義制度の正常な運営をも脅かした。他方で中国政府は、経済の国際化によって獲得した資源を利用し、国内においていわゆる中国モデルの優位性を大いに喧伝し、それをもって民族主義の感情を煽り、香港、台湾問題においては絶えず強硬な行動をとり続け、第二次世界大戦以来の国際秩序をも「修正」し始め、世界規模の反民主的な権威主義勢力のリーダーとなり、国際社会に新たな非民主的、反民主的な政治モデルのテンプレート（雛形）を提供した。

このような局面を迎えたことには、日本を含む西側諸国の対中政策が大きく関係していると言わざるを得ない。専制国家中国の台頭は、かなりの意味で西側と日本の助けによるものであり、これらの国が意図せず、中共政権が国内で合法性を再建するのを助けたのである。そのおかげで大きな力を身につけ、自らの勢力圏もつくりあげ、自信に満ちるようになった中国は、いまや欧米諸国や日本を押さえ、世界の構図を変え、国際社会の秩序を自分の意で再構築しようとしている。

一方、中国との経済的絡みがもたらす葛藤、サプライチェーンと市場の相互依存性、国際政治の安定維持などという現実的な要求が原因で、西側諸国は、この日ましに激しさを増す、巨大な資源を持つ北京政権による攻撃を前にして、いかに対応すべきか戸惑った。そして西側の政治家、戦略家たちは、この局面を乗り切るための新たな戦略を検討せざるを得ない事態に追い込まれた。ここ数年来、西側世界では、過去数十年の対中政策を再検討するさまざまな声が絶えず、西側諸国と国際社会全体が、中国に対する戦略的なミスから現在のような事態に直面せざるを得ない苦境に陥ったのではないか、という意見も多数出された。二月に起きたロシアによるウクライナ侵攻は、このような議論をさらに加速させた。

前述したように国際政治の構図が大きく変わったことを背景にして、地理的に海を隔てた隣国同士で、文化的に深い交流の歴史があり、しかし異なる政治制度とイデオロギーを持つ日中両国は、二一世紀にどのように付き合うべきだろうか。これは、日中国交樹立五十周年の際に双方ともに直面せざるを得ない重要な課題であろう。

2　中国における社会の日本惚れと政治目的のための反日民族主義

毛沢東の文化大革命時代に暮らしてきた私たち世代の中国人は、政府の「改革開放」政策によって初めて世界を見ることができた。その際、日本はずっと肯定的イメージを持つ参照物で、学習の模範であった。国の扉が開かれたばかりの一九八〇年代に、人々はさまざまな精緻な日本製品に惚れ込んだ。それらが近代的生活の具体的な体現であり、中国の立ち後れを如実に示すパラメータであったためだ。人々、とくに若者は、『望郷』(『サンダカン八番娼館　望郷』)、『人証』(『人間の証明』)などの日本の映画や、テレビドラマ、歌、文学作品に熱中し、山口百恵《ももえ》主演のドラマ『血疑』(赤いシリーズ)などの放送時には、町に人影がなくなるほどテレビの前に人が群らがった。「北国の春」などのメロディーが町中に流れ、誰もが歌った。古い世代の作家の夏目漱石や小林多喜二らの作品をふたたび手にすることができ、川端康成の『雪国』も多くの文学愛好家に愛された。それらの作品には、現代人の意識だけでなく、日本特有の東洋的な風情も含まれており、日本人の生と死に対する感覚、美意識も、これらの文学芸術作品の中に現れていた。日本は近代的でありながら、また伝統の美も守っていた。伝統が徹底的に否定・破壊された文化大革命期を経験した私たちは、日本人の生き方から、伝統に対する自信と敬意を取り戻し、伝統は近代と共生でき、人生を潤し、世事を調節できる素晴らしいものだ、と理解した。

二十世紀初頭の、国の進歩を望んだ若者たちと同じように、多くの中国人は日本語を学び、「東瀛《とうえい》」（東方の海国の意で、日本の別称）である日本に留学した。その中には筆者の長兄も含まれている。日本の学生も中国に留学したので、一般の中国人が日本人と実際に接触する機会を得た。長姉と長兄が遼寧大学外国語学部で学んでいたため、私の家族も一人の日本人女性と知り合いになった。彼女は他の学生より少し年上で、確か明石信子という名前だった。豊かな家庭で育った彼女は、「日中友好」に貢献できればという希望を持って、長年働いてためた蓄えを使って中国に留学してきたのだった。彼女は一般の中国人家庭との付き合いを非常に大切にし、私の母親が粗末な台所で心を込めて作ったさまざまな中国料理を好んで食べた。中国は物資の乏しい時代だったが、結ばれた友情は豊かなものだった。その後、彼女は帰国し、やがて連絡が途絶えた。今も健やかであることを祈る。

その時代、日中両国の関係は、民間から上層部まで非常に友好的だった。文化分野だけでなく、経済や貿易、政治分野においても、日中の政界官界は二国間関係の発展を推進するために全力を尽くしていた。多くの日本の友人が中国の近代化に尽力する裏には、中国侵略の過去への後ろめたさを解消する気持ちもあれば、近隣の中国人民がより幸せな生活を送ることができるよう心から望む、という善良な願いもあった。一九八五年、当時の中曽根康弘首相が「靖国神社」を参拝したことによる日中外交上の一時的な緊張や、北京の大学生らの抗議など、いくつかの雑音や外交事件もあったが、日中関係は全体的に健全に前に進んでいた。

後の中国の政局、そして日中関係の変化に対する理解を深めるために、一九八五年の抗議活動の思想的構造について、さらに詳しく分析する必要があると思う。当時北京大学に在学し、その抗議活動の場にいた生き証人の私は、その抗議活動が実に多くの思想的要素が混在した結果だったことをよく知っている。抗議活動は、中国のナショナリズムが新たな歴史的背景のもとで蘇った標《しるし》である一方、文化大革命以降の中国人の民主主義意識、自由への憧れ、批判精神が再び目覚めたことによる産物でもある。表向きは中曽根首相の「靖国神社参拝」への抗議活動であるが、それを機に、中国共産党幹部の腐敗への不満、民主主義と自由への渇望を訴え、中国社会の現実を批判する、という要素も多く交錯している。抗議の現場でなされた演説や出されたスローガンは、そのよい証明である。当時、市井には、中国共産党の役人が日本との交流と日本からの輸入で不法に大きな利益を得ている、という噂が飛び交っていた。

これは実は近代以来、中国社会でしばしば見られる現象である。民族の独立、自主、発展に対する希求と、中国自身の政治における現代化、民主化、自由、法治、人権獲得に対する訴えが並行し、相互に激励し合うことで、抗議活動はいっそう力を増す。しかし、中国には、民族の独立、自主、発展に対する訴えを絶対化し、自由主義を確立することの価値を切り離すというもう一つの潮流もある。民族主義が急進的な左翼、右翼、ポピュリズムなどさまざまな思想と結合し、国家主義、極端な文化保守主義、あるいは反文化的ニヒリズムを吸収し、左翼あるいは右翼の全体主義の思想的基盤を構成する。このような現象は、近代中国だけではなく、二十世紀全般の世界の歴史の中でよく見られることである。

一方で、近代中国の民族主義は独自の特徴を持っている。それは、民族主義が毛沢東の急進的左翼ユートピア思潮と結合し、中国に巨大な災難をもたらしたことである。「文化大革命」の失敗で毛沢東モデルが破産し、その後の中国は、自由主義思潮が急速に広がる時期に入る。まさに人々の愛国心は、この自由主義思潮を支える原動力となったのである。一九八〇年代、自由と寛容な思想を持つ中国共産党改革派の指導者が、なお政権内で主導権を握っていたため、文化大革命の苦難を嘗めた知識人と民衆は、自由民主の理念に大きく傾いた。そのため、その時代の中国のナショナリズムは、概ね自然な愛国心のもとで自由思想と結合し、体制批判の政治改革と、世界に向けてのいっそうの開放を主張した。決して世界主義の立場と衝突するものではなかったのである。

曲がり角は一九八九年に訪れた。そのときから中国政府は、政権の正当性を問われる危機を乗り切るために、自らの行為はすべて理にかなう、という偏狭な民族主義を大いに鼓吹し始めたのである。ここから中国のナショナリズムは、自由主義の思想と別れ、国家主義、ポピュリズム、極端な文化保守主義と再連携するものが主流となり、右翼ファシズム的なナショナリズムへと変化し、ファシズム化の特徴を日に日に強めた。習近平政権の時代に入ると、この傾向にいっそう拍車がかかった。中国の経済的な成功と、利益の誘惑の前で露呈した西側諸国の弱さは、中国政府にこのようなナショナリズムを推進する上での、より多くの物質的資源と論説の根拠を与えてしまった。社会的不公正と官僚の腐敗、道徳の崩壊、環境破壊などの一連の問題は、絶えず新たな社会と政治的緊張を生み出し、社会統合の力の限界を感じた政府は、排外的なナショナリズムを鼓吹し、そうすることで社会を安定化し政権を維持しようとした。

3　上層部との関係を重視する対中外交は日本をだめにした

本文の冒頭で提起した問題に戻ろう。むろん、まず中国人が、自ら過去数十年間に行なってきたことがいかなる結果をもたらしたのかを直視しなければならない。しかし、日本を含む西側諸国も、今日のような守勢に回る局面に至る過程で、対中政策に問題がなかった、検討すべき点はなかった、と言えるのだろうか。個人的な見方にすぎないが、私の見方はノーである。ある研究によれば、一九八五年に起きた「靖国神社」参拝に対する抗議事件の際、親中派と言われていた中曽根康弘首相はそのような中国側の反応に驚き、長い手紙を出して中国側の指導者に参拝の意図を説明し、「靖国神社」に置かれた戦犯たちの位牌を別途処理する案もある、という考えを伝えたことで、事態は初めて収拾されたという。しかし私から見れば、日本の指導者は本来、この問題に対して、より将来性、戦略性、柔軟性のある解決方法を見つけるべきだった。そうすれば、靖国神社参拝問題は国際政治ゲームの駒にならなかっただろうし、中国や他のアジア国家、あるいは世界じゅうの国々が不満や誤解を抱くことも避けられた。とくに重要なのは、今日のように一部の人が己の権力と利益のために対日敵意を煽る便利な道具にすることも避けられた、という点である。たとえば、日本は中国の知識人層と民衆に向けて積極的に靖国神社の文化的意義を説明し、歴代の日本首相が韓国と台湾で「抗日」英雄の墓に献花したことを事例に、中国と韓国の国民に日本の平和と不戦への決意を伝え、そうすることで民族主義の情緒を鎮めるべきであった。

過去三、四十年間の日本の対中戦略を検討すると、筆者から見れば、根本的な戦略的誤りは、中国政府との付き合いに重点を置きすぎ、上層部路線を歩むことを選んだことである。中国のような政治体制の国家と付き合うためのこのようなやり方には、理解できなくもない面があり、ある程度の合理性もある。しかし、もし日本が、それと共にすべての機会を生かして、経済的支援の手段を含め中国の民間社会との関係を強化し、中国の市民社会の成長を推進し、そうすることでより多くの中国の民衆に、改革開放の中で日本がどのように中国の経済発展、教育の向上、技術の進歩を助けたのかを知ってもらうように努力していれば、少なくとも今日のような民間社会の強い反日感情は生まれていないだろう。

また、経済的利益を重視しすぎて、戦略的バランスと長期的な見通しに欠けていたことも誤りである。「六・四事件」（一九八九年の天安門事件）以降、中国の政治改革、人権状況に対する日本による言及は極めて少なく、甚だしきに至っては、意図的に回避しているともとれる動きをする。こうしたことが、日本が極めて受動的になった今日のような日中関係をもたらした大きな原因ではないだろうか。

一九九〇年夏にワシントンの日本大使館の前で抗議を行なったのは、日本政府が、「六・四事件」の虐殺からわずか一年しか過ぎていない時点で、すべての西側の「民主国家」の中で率先して、経済貿易を含む北京政権との関係を全面的に正常な状態に回復する、と宣言したからだ。国際政治と経済に少しでも知識を持つ人であれば、欧米諸国や日本が中国とまったく付き合わないことは現実的ではない、と分かっている。長期的に見れば、関係の回復は中国の人民のみならず、世界全体の利益になる。核兵器を保有しながらも長期にわたって経済力が弱く、立ち後れている人口大国の存在は、世界にとって、とくに日本のような近隣国にとって、決して良いことではない。しかし、このような独善的な、平和的に抗議する若い学生たちを戦車で鎮圧する政権が強大になれば、最終的にはかならず他人を脅かすようになることも明らかではないだろうか。

現今のような事態が生まれるのを防ぐためには、少なくとも「六・四」虐殺後、一時的に凍結した経済関係を回復する際、少し先見の明を持っていくつかの条件を付けるべきではなかったのか。政府によって許可され、または支持されることで量産された劣悪な反日民族主義を堂々と煽るような「抗日神劇」が中国社会にあふれているとき、日本は何らかの形で不満を表明し、その悪影響を抑えるための積極的な措置を取るべきではなかったのか。中国内部の自由主義勢力が抑圧されて成長できない時期に、もし外部の日本や西側諸国を含む国際社会が、中国側との付き合いにおいて原則を貫き、普遍的価値を守ることを経済貿易交流に不可欠な条件として突きつけ、中共政権にある程度の圧力をかけていれば、中国内部における健全な社会勢力の成長にも、あるいは今日のような激しい政治後退を容認しない社会環境の育成にも、役立ったのではなかろうか。

冒頭で記した私の個人的な経験も、当時の日本政府の態度を一つの側面から明らかにしているものといえるかもしれない。一九九二年春、フランスに亡命した私は、招聘を受けて台湾を訪問した。その後、現在の状況を説明して家族を安心させようと考え、日本の大学に留学中の兄に会いに行こうと思った。そこで、フランス政府発行の政治難民パスポートの場合、日本に入国する際にビザが必要かどうかを、台湾の友人に頼んで日本の在台湾機関（日本台湾交流協会）に問い合わせてもらった。その際、日本を経由してフランスに帰国するのであれば、数日だけの滞在なので、ビザは必要ではない、という回答を得たため、友人は熱心に日本行きの航空チケットの購入まで手伝ってくれた。しかし結局は、ビザがないという理由で東京の空港で一晩拘束され、空港に迎えに来た兄夫婦にその事情を知らせることもできなかった。私は夕食も得られず、翌日台湾に送還され、空港で乗り継ぎをしてフランスに戻った。

私のような難民ビザを持っている人間が日本に入国する際の条件について、日本の在台湾機関の職員の説明が足らず、そのような結果になったのかもしれない。事務的ミスは完全には防げるものでないことは理解できる。しかし、その夜、拘束されたホテルに尋問に来た流暢な中国語を話す日本の警察官との交流から、私は日本政府の、天安門事件が原因で外国に亡命した中国人に対する冷たさ、事件をわざと回避している態度に気づいた。日本の地を踏んだが日本に入国できずに終わったこの特別な日本行きが与えてくれたさまざまな思いの中で、このことが最も印象深いものだった。過度な敏感さが生んだ誤った印象かもしれないが、それでも今でもその印象を完全に払拭することはできない。

4　自国の人民の権利を尊重しない政権が、他国の人民の権利を尊重するはずがない

ここまでの叙述において、日中関係の歴史過程を分析するつもりで多くのクエスチョンを出した。過去の歴史に「もし」を付けることには意味がないが、人間には事前に察知できることもあるのは確かである。自分の専門である政治現象に対する研究と観察を通じてではなく、一般人として身に着けた歴史知識から見ても、専制的な政権の「平和的台頭」

はあり得るという幼稚な考え方に、私はずっと大きな疑問を持っていた。

専制権力が内部のすべてを制御しようとする企みは、ある条件のもとで対外の事務にもあふれていくに違いない。それが他の者を侵さないのは、それができる実力がまだ備わっていないからにすぎない。いったん能力があると感じれば、自分の権力の論理、権力の意志に基づいて他者の征服に出るのが常である。それについて、プーチンは私たちに最新の例証を与えてくれた。ドイツや日本の過去の歴史もそれを証明している。内部から制御する力が消えた権力には、外部で他者を制御したいという衝動が生まれることが多い。真の平和的台頭は当然可能であるが、それを実現したのは、第二次世界大戦後に民主と自由の原則を受け入れたドイツ、日本とイタリアである。

過去の歴史はたしかに仮定で話しても意味がないが、未来の歴史は間違いなく、私たちが過去の歴史からいかに教訓を得、それを今後の道の選択に生かせるかどうかにかかっている。今、私たちは極めて重要な歴史的転換期にある。日ましに独裁化していく中国に対して、今、日本国民は、大きな挑戦に直面していることを誰よりもよく知っているはずだ。その理由は、現在の中国の状況が多くのところでまさに戦前の日本を連想させるものであることにある。当時の日本がアジア、世界、そして日本人自身に何をもたらしたのかについての記憶は、日本国民になお新しいはずである。そうであるなら、日本は新しい時代への変化に対応すべく憲法改正を行ない、政策を調整しなければならなくなったときに、日本のため、世界のため、そして日中関係の未来のためにも、他者に災難をもたらした過去をめぐる歴史的教訓を深く検討し、その教訓を各国、とくに中国の人民に伝え続けなければならない。これまでの、自分が前車の轍を踏まないための検討と異なり、これからの検討は、日本の歴史的教訓を今日の他の国、とくに中国にも伝え、彼らとの関係に生かす目的で行なうもので、現実的意味がいっそう強い。当然ながらこのような検討は、決して日本の自衛能力強化を妨げる目的で始めるものではなく、むしろそれと相互補完的な関係を持つものだ。

日本の政治家と戦略家たちに是非理解してもらいたいのは、自国の人民の権利を尊重するような中国政権であって初めて、世界の他の国の人民の権利を尊重できるということ、それが民主主義、人権と法治でアジア地域の真の平和を維持する力になる、ということである。実は、このような中国と中国政権が実現することは、中国自身の安定と平和を守る上でも重要である。外に対して激しい剣幕を見せている中国だが、自身は内に多くの危険を孕んでいる。香港、新疆、チベット、内モンゴルなどの周辺地域で絶え間なく醸成される社会的緊張からも分かるように、柔軟性を欠く専制政権はかならず内部問題を悪化させる。台湾に対する軍事恫喝でも、逆に台湾の人心を完全に失う。権威主義的北京政権はあちこちで強圧的姿勢をとっているが、実は強圧的であればあるほど中共政権にとってその問題が危険であるという証拠であり、帝国崩壊の兆しとしても受け止められる。赤い帝国が日々支配の正当性を失っていることは、中国の社会をまじめに観察している人であれば、誰でも感じられる。日本もその日に備える必要があると思う。中国政治の平和的転換をいかに実現させるかを、今後の対中関係の新たな核心的政策とする以外、他の道はない。それを信念として努力を続ければ、友好的な日中関係の強固な基礎を築くことができる。

日中両国の善隣友好を願っている人の行動が、日中戦争が中国人民にもたらした傷、冷戦時代に日中両国が置かれた特殊な立場、文化大革命終了後の中国政府が導入した自由化の方向性を持つ改革開放の政策などの諸要素を踏まえ、相互作用を通じて中国社会の進歩を促すという目的を本当に持ったものであったなら、両国の関係を改善することにはそれなりの合理性がある。しかし、国際情勢が激しく変動する今日に至っても、専制主義体制に全面的に後退している習近平政権に無原則に迎合することは、決して正しく賢明な選択ではない。

中国共産党はいずれ歴史の表舞台から退場するだろう。そのとき、人々が最も思い出すのは、現北京政権の賓客たちではなく、中国の民主と自由の実現を助けた日本の友人たちだろう。近代の日中関係からも分かるように、歴史に残されているのは、清王朝との「友好」に熱中していた人ではなく、孫文を助けた友人たちである。ここでもう一つ言及しなければならないのは、かつての日本の中国侵略が中共の台頭をもたらし、最終的に中国に独裁政権を作らせる最も重要な歴史的要因の一つとなった、ということである。その意味で、中国の民主化を推進し、中国人民が自由と民主主義を得るのを助けることは、良識ある日本人の負うべき道義的責任でもある。

近代以来の日中関係は多くの葛藤を抱え、互いに国家の歩みに影響を与えてきた。日本は非西洋文化の国でありながら、西洋文化を受容して台頭し、他者に多大な災難をもたらしたが、自分自身も痛ましい代価を払って、最終的には近代国家への変身に成功した。日本は本当に近代国家へ転換できるのか、と疑問に思う者もいた。戦後の一九五〇年代、一部の文化本質主義（cultural essentialism）者は第二次世界大戦の歴史を根拠に、日本はその文化的欠陥から近代的価値を受け入れられず、近代国家に転換するのは難しい、と見ていた。しかし、日本は近代国家への転換をやり遂げ、事実をもって世界に、欧米に源を発する自由・民主・人権・法治などの近代的価値は、欧米以外の地域においても根づき、自国の文化と緊密に結びつけ得る、と啓示したのである。近代国家に転換できるかどうかは、ただその条件、時間、過程上の問題にすぎない。

結びにかえて　日本がふたたびアジアと世界の手本になる日

赤松要によって一九三〇年代に打ち出され、六、七〇年代に経済学者たちによって精緻化された経済発展のモデルとしての「雁行形態論」（雁の群れの飛行隊形のように、先頭の国が他国を引っ張って行くというもの）は、まさに二十世紀におけるアジア太平洋地域の経済発展のプロセスを如実に映し出したものだった。その雁行のリーダーとしての役割を果たしたのは、ずっと日本である。新しい時代に入ると、アジア太平洋地域の経済発展の雁行が乱れたが、人類が直面する新たな挑戦において、日本はなおリーダーシップを握るチャンスがある。たとえば、世界は高齢化問題に悩まされているが、その解決には、科学技術の進歩だけでなく、文明の革新も必要である。近代世界において、そうした人文社会、価値観、文明の生態、生活様式、政治形態などの革新をいち早く、すべてやり遂げたのは日本であり、今、新たな文明への革新を実現する可能性を最も持っているのも日本である。

私は、近いうちに中国人も自由と民主を享受できるようになると信じてはいるが、今の危機に満ちたアジア太平洋インド洋地域では、政治体制上の持病を治癒できない中国が、この文明革新のリーダーシップを果たせないことは明らかである。次の五十年、百年に日中両国が、十九世紀、二十世紀に見られたような国益ないし政党利益・個人利益のための衝突と競争を繰り広げるのではなく、中国も文明国家となって、人類に幸福をもたらす文明革新の面で競争と協力を展開するようになることを、心から祈る。

（翻訳・王柯）

3

「明月帰らず碧海に沈み」

ジャーナリスト、作家　賈　葭

賈葭（JIA Jia）　一九八〇年西安生まれ。著名なジャーナリスト、作家。二〇〇二年、南京大学中国文学部卒業。長年に亘って北京と香港でジャーナリストとして活躍。『瞭望東方週刊』編集者、『鳳凰週刊』編集長、『ＧＱ雑誌』中国版編集長、『騰訊大家』編集長、香港陽光テレビ局ニュース局次長を歴任。中国・台湾・香港の複数の雑誌でコラムを執筆。
主な著書に『我的双城記』（三聯書店、二〇一五年）、『摩登中華』（東方出版中心、二〇一九年）、『中日之間：誤解と錯位』（社会科学文献出版社、二〇一四年）、『甲午両甲子：憶与思』（社会科学文献出版社、二〇一四年）など多数。

＊扉写真　阿倍仲麻呂紀念碑（西安）
（筆者提供）

六歳の年（一九八六年）の春、両親は私を西安の興慶宮公園へ春の遠足に連れて行った。その公園には白い大理石の紀念碑があり、私をそこに連れて行った父は、碑に刻まれた一篇の詩を朗読した。

一篇は阿倍仲麻呂の「望郷の詩」である。

「首を翹《あげ》て　東天を望めば、神《こころ》は馳す　奈良の辺り。三笠山頂の上、想う又皎月《きょうげつ》（白い月）円《まど》かなるを」（翹首望東天、神馳奈良辺。三笠山頂上、想又皎月円）

もう一篇は李白の「晁卿衡《ちょうけいこう》(1)を哭《こく》す」である。

「日本の晁卿帝都を辞し、征帆一片蓬壺(2)を遶《めぐ》る。明月(3)帰らず碧海に沈み、白雲愁色蒼梧(4)に満つ」（日本晁卿辞帝都、征帆一片遶蓬壺。明月不帰沈碧海、白雲愁色満蒼梧）

（1）晁卿衡　阿倍仲麻呂のこと。
（2）蓬壺　仙人が住むという東海の蓬萊山の別名。
（3）明月　仲麻呂を喩えている。
（4）蒼梧　南方の地。

阿倍仲麻呂紀念碑に刻まれた「望郷の詩」
（西安・興慶宮公園　筆者提供）

（仲麻呂の日本への帰国船が難破したと聞き、李白が悼んで作った七言絶句。）

後に知ったのだが、私が興慶宮公園で詩を聞かされていたその春の日の午前中に、日本から来た多くの職人が、興慶宮から南側に二キロメートルほど離れた楽遊原青龍寺に、千本以上の桜の木を植えた。数年後、私は日本の高野山の金剛峯寺の壁画の中に、また青龍寺を見つけた。青龍寺は空海大師の修行の地である。

千年以上にわたる日中間の不思議なつながりは、至る所に存在している。今年は日中国交正常化五十周年、私は今年四二歳で、若い歴史の証人の一人とも言える。しかし過去五十年間を振り返ると、多くのところで腕を組んでため息をつく。

1　山口百恵、碑林、パンダ

少年時代に見たテレビアニメに、『鉄腕アトム』『一休さん』『聖闘士星矢《セイント》』などがあった。今でも記憶に新しい。何年か前に初めて京都の町をぶらぶら歩いたが、大徳寺の外にはとくに見覚えがあり、以前来たことがあるような気がした。後に分かったのは、それが一休さんのいるお寺だったことだ。少年時代のもう一つの記憶は、当時、日本の電化製品は中国で大変人気があり、家に日立や東芝のテレビがあれば、みんなに羨ましがられたことである。

一九八四年、山口百恵《ももえ》主演の日本のテレビドラマ『血疑』（赤いシリーズ）が中国で放映された。彼女が着ていた服は「幸子《さちこ》シャツ」と呼ばれ、当時中国の各都市で大いに流行した。山口百恵は私の父の心の中の唯一の女性アイドルだった。子供の頃、父は私に、大きくなったら日本の大学に留学しろ、と励ました。

ほとんどの中国人はこのドラマで初めて血液型というものがあることを知った。噂によれば、父親がこのドラマがきっかけで我が子が実子ではないことに気づくという多くの家庭悲劇が生まれたり、悲痛なストーリーに衝撃を受け自殺した人もいたりしたそうだ。むろん、最も中国の視聴者を驚かせたのは、日本は敗戦国のはずなのに、街には車の長い流れがあり、高層ビルが立ち並び、なんと一九七〇年代にすでに庶民の家庭に水洗トイレ、ガスコンロ、テレビといった高級な製品がそろえられていた、ということだった。

日本のアニメを見る一方で、私にはもう一つの日本に関する叙述トリックが施されていた。それは『地雷戦』『地道（地下壕）戦』『烈火金剛』などの共産党が指導した抗日戦争を描いた映画だった。毎年、正月に放送され、だいたいどれも七、八回見て、ところどころのセリフまで覚えた。これらの映画に出てくる日本人は全員悪者だった。そうした教育を受けた子供から見れば、世界の人間にはいい人と悪い人の二種類しかいないようだった。一休さんはいい人、新右衛門さん（『一休さん』に出てくる寺社奉行）はいい人、毛利太君は悪い人、何大拿は悪い人（毛利太は『烈火金剛』に出てくる日本軍将校、何大拿はそこで日本軍の通訳を務める中国人）……。

二つの叙述トリックに挟まれていたため、当時の私は、日本に対して恨みがあるとは言えなかったし、好感を持つとも言えなかった。しかし、愛国主義教育の素材はあまりにも多く、各地の記念館、いろいろな国産映画、絵本、そしてテレビで一刻も現れないことのないさまざまな日本批判から影響を受けて、少なくとも日本に好感は覚えられなかった。日本という国は、依然として想像上の存在にすぎなかった。日本に対する感覚は少しマイナスという程度だったが、無意識のうちに、国のコントロール下にあるそのような「世論」に影響されて、ポリティカル・コレクトネス Political correctness に傾いていた。

一九九二年、中学校の国語の教師が私に「中日国交正常化二十周年」の記念切手二枚を題材に作文を書かせようとした。一枚目は二羽の舞い上がるタンチョウが描かれたもので、背景は富士山と万里の長城、二枚目は、チョンマゲのような形に髪を結った中国人の男の子と、着物を着た日本人の女の子が抱き合っているもので、背景は平和を象徴する鳩だった。私は切手を収集していたが、この二枚の切手のデザインがあまりにも悪くて、何の感興も湧いてこなかった。そのとき、私は教師に二枚目の切手について「なぜ日本の男の子と中国の女の子ではないのか？」と質問したのだが、それだけで教師は怒った。その作文は結局、書かなかった。この切手からは「国交正常化」がどういう意味なのか分からなかったからだ。

一九九二年の春、江沢民中国共産党総書記と万里全国人民代表大会委員長が相次いで日本を訪問した。江沢民は滞在中に、天皇ご夫妻を中国に招待した。これは、中国政府が当時とくに重視していた「中日国交回復二十周年」記念事業における大事件であり、中学生の私たちに求められた命題作文は、国全体のプロパガンダの中の小さな物語にすぎなかった。

その年の十月下旬、明仁《あきひと》天皇が中国を訪問した。日本の天皇の訪中は、これが初めてというだけでなく、今まででも唯一のことである。明仁天皇はわざわざ中国で最も歴史が長い古都西安を訪ねた。西安市民は熱烈に手を振って歓迎し、天皇の行く先々では、黒山の人だかりができた。天皇の訪中は当時の大事件で、『毎日新聞』のトップ記事となったのは記憶に新しい。

天皇ご夫妻が西安の碑林を見学した際、「開成石経《かいせいせっけい》」(石碑に彫刻した儒学の経典、唐代の開成年間に完成)の碑文において「平成」の年号の出所を見つけられた。それは、「尚書・

大禹謨《たいうぼ》」の「地平天成」だった。このことは当時、日中間の歴史的つながりと国交親善の証であり、良い話とされた。さらに天皇は、中国政府が主催する北京における晩餐会において、「我が国が中国国民に対し多大の苦難を与えた不幸な一時期がありました。これは私の深く悲しみとするところであります」とも述べられた。

この年、東京の上野動物園のジャイアントパンダ「悠悠《ユウユウ》」と北京動物園の「陵陵《リンリン》」が交換されることになり、悠々は中国に戻り、陵陵が来日した。北朝鮮を除けば、日本は中国からパンダが最も多く贈られている国だ。一九九二年の一年は、プロパガンダに煽られ、中国じゅうが一衣帯水の隣国との真摯な友情に浸った。一九九〇年代を通して、日中両国の上層部による相互訪問は極めて頻繁で、ほぼ毎年三、四回あった。

一九九八年秋、私は南京大学に入学した。「南京大虐殺記念館」もこの年に見学した。南京は日本に関する記憶が大量に刻まれた都市で、私の寮の近くにはラーベ[5]のぼろぼろの

（5）John Rabe, 当時、シーメンスの中国総代表を務めたドイツ人商社マン。南京事件の際、入城した日本軍の行動を記録した日記が後に出版された。

旧宅があった。私が卒業して何年も経ってから、シーメンスがこの旧宅の修復資金を提供した。大学の図書館は戦時には国際赤十字の難民キャンプだったが、そのことを知っている人はあまりいなかった。この頃から「日本」は、私の生活や読んでいる書籍に頻繁に登場し始めた。

この秋、江沢民が日本を訪問した。彼が日本を訪問するのは二回目だったが、中国の国家元首としての訪問は初めてだった。当時の私は、「外交」について何の予備知識もなかった。その訪問で、それまで日中間のハネムーンを醸成するために創り出されていたさまざまな友好的仮面が、イデオロギーと価値観の深い溝が生む衝突によって容赦なく引き裂かれたことを、何年も後になってやっと知った。

事実かどうかははっきりしないが、後のスクープによれば、日本側はそのときの会談で過去の中国への侵略について謝罪しようとしたが、謝罪するに当たっての条件は、以後、中国側が日本に謝罪を求め続けないことだった。しかしこれは、中国側に拒否されたという。「謝罪」は、その後十年以上の間、中国の民族主義者がいつでも要求できる使い勝手のいい口実となり、もちろん、中国政府の対日外交における主要なカードであり続けた。

2　靖国神社、教科書、U字ロック

二〇〇一年の夏、私は南京のある新聞社で記者の仕事の実習をした。その頃、日本で働く中国人の馮錦華が、靖国神社南門の狛犬の台座にスプレーで「該死」（死ねという意味）と落書きした。南京という、日中関係に比較的敏感な都市にいた私は、新聞社でこのニュースに接したとき、どこか間違っているのではないか、とかすかに感じた。この秋には小泉純一郎首相が訪中し、北京の盧溝橋記念館を見学して中国を侵略したことについての反省と謝罪を表明したが、双方のわだかまりは実はこの年の春にすでに胚胎していた。

同年の春に、日本の文部省が教科書検定で右翼的ものも合格させたため、中国側の不満を引き起こした。その半月後、台湾の前総統李登輝が病気治療を理由に訪日し、再び波紋を呼んだ。そして八月十三日に小泉首相が靖国神社を参拝した翌日、馮錦華が靖国神社に落書きをしたのである。

二〇〇一年に発生した日中間の度重なるさまざまな衝突を目にして、当時、私はかなり戸惑いを感じたが、後から見れば、それはまさに、歴史問題、台湾問題、靖国問題、安全保障問題など、各方面における日中両国の立場が衝突し、各分野で相手を信頼しなくなった始まりだった。それは当然、次の二〇〇二年に影を落とすことになる。二〇〇二年の日中国交正常化三十周年の際、中国側は依然盛大な記念キャンペーンを行なったが、今から見ればこのときが、まさに日中関係が全盛期から衰退期へと向かう曲がり角であった。

小泉首相が在任した五年間は、日本国内の政治的理由からか、中国への態度が次第に強硬になった時代である。日本はもちろん自分の原則に基づいて対中外交を処理しているが、中国側にとって日本は、何をしても、あるいは何をしなくても、米国と同じように、中国のナショナリズム的叙述における「仮想敵」である。中国のような政権にとって、外部の敵の存在は極めて重要であり、政権による統治の合法性を主張する上で重要な資源である。敵が存在することで北京政権は、中国人民を守っている、いや、保護しているという格好をアピールすることができる。

疑いなく、当時、当局主導のナショナリズム・イデオロギーは民間社会でもかなり受け入れられた。当局による公式の対日憎悪の叙述トリックは、日本では右翼的軍国主義が台頭し、日中友好の外交路線が放棄されている、日本は中国侵略について謝罪するつもりはなく、アジアの政治大国になることを企んでいる、というようなものでしかなかった。これらの意図的に誇張された表現は、厳しい言論審査体制を持つ中国におけるものなのだから、当局に作られたものに他ならない。

二〇〇二年の夏、中国の国内ネットを国際社会のインターネットから遮断する目的で作られた「グレート・ファイアウォール（ＧＦＷ）」が完成し、試験運用が開始された。それ以来、中国人は米国、日本、欧州、そして香港のニュースサイトにアクセスできなくなった。ＧＦＷの効果は、二十年後についに現れた。二〇〇〇年以降に生まれた若者は、海外のウェブサイトにアクセスしたことがなく、私たちの世代に比べて情報を得るルートは単純で貧弱である。中国大陸のネット上に大量の「小粉紅」(6)が誕生した背景には、まさにこのＧＦＷによる外部情報の遮断がある。

(6) The Little Pink　未熟な（または赤くなりきっていない）共産主義者の意で、中国政府・中共政権を無条件に擁護する若者への蔑称。

二〇〇五年三月下旬、日本が国連安全保障理事会の常任理事国入りを申請したことを受けて、中国では広州、深圳《しんせん》、北京、上海などの大都市を含め、少なくとも二十の都市で反日デモが数日続いた。デモ期間中の四月初め、日本の文部省が教科書検定において扶桑社の出版した歴史教科書を合格させたことを受けて、中国の反日活動はいっそう激しくなった。

その年の九月十八日、私は上海の友人作家と北京西単の回転寿司店で昼食を済ませた。ところが、何人かの大学生が店の前で私たちを指さし「漢奸（漢民族の売国奴）だ！」と叫んだ。怒った友達は、「私は満洲族だよ！」と言い返した。私たちは非常に驚いた。私たちが成長した時代は、ほとんどの人が日本に好感を持っていたが、それから何年も経っていないのに、どうして寿司を食べただけで売国奴にされるのか。

今年（二〇二二年）の八月に蘇州で、ある女性が日本の浴衣を着ていて警察に通報され、みんなの前で警察から乱暴に指弾され、浴衣を脱がざるを得なくなるという屈辱を嘗《な》めた。おそらく多くの日本人は、このようなことは理解できないだろう。しかし、すでに二〇〇五年の北京では、寿司を食べただけでも「漢奸」にされたのである。人の衣食が罪になるような偏狭な反日的ナショナリズムは、中国で少なくとも一七年以上続き、また、強化されつつある。しかし注目すべきなのは、このような偏狭なナショナリズムは決して対外的対応から生まれたのではなく、中国社会内部を厳しく管理管制する必要性から生まれた、という点にあると私は思う。

当局の反日的イデオロギーも、ある程度民間の反日的感情と合致した。多くの中国人の反日感情には社会心理的な基礎がある。日清戦争以降、中国は戦争で日本に勝ったことがなく、日本を打ち負かしたのは米国だった。一部の中国人にとって、これはまさに、血気盛んな少年が父を殺した仇を討とうと考えたとき、仇がすでに他人によって処刑されたことに気づいたようなものだ。身につけた実力を見せることもできなくなったのだ。

また、敗戦時の日本は、今の共産党による共和国政府にではなく、中華民国政府に降伏したのだ。言い換えれば、日本は今の中国共産党の支配下にある中国に本当に負けたことがない。そこで、日本の「以後は謝罪を求めない」という提案を拒否したのである。謝罪の対象というポジションを維持するメリットは大きく、以後、謝罪要求は北京政権の対日外交の切り札となった。しかしこの中国の謝罪要求は、まさに怨みを持つ人間の長年の泣き言のようなものだ。

日本は韓国に対しても中国に対しても歴史問題を解決したいと思っている。しかし、韓国にとって歴史問題は外交のカードにすぎないかもしれないが、中国にとっては外交のカードであるだけでなく、国内における思想統制のツールでもある。残念ながら、ここで歴史がツール化され、東アジア三国の間に横たわる大きな問題となった。

中国は一九九二年から第二次改革開放を始め、十年の努力を経てようやくＷＴＯへの入場券を手にすることができた。より大きな世界市場を獲得したことで北京は、日本への貿易依存度が低下していく、と判断したかもしれない。ＷＴＯに加盟して八年目の二〇一〇年に、中国は日本を抜いて世界第二位の経済大国となり、アジア第一位となった。この「中国の台頭」は当局のプロパガンダにとって当然有利である。

いわゆる「アジア・ナンバーワン」という地位を手に入れたという得意気な気分は、ナショナリズムの感情を助長した。私たちの世代が成長した時代、中国は立ち遅れていて、それゆえに奮い立った状態にあった。そのためか、日中友好の雰囲気もあった。私たちの世代はむしろ「中国否定」という声の中で成長した。日本のドラマを通じて見た東京の高層ビルや、ハリウッド映画を通じて見たニューヨーク・マンハッタンの夜景に圧倒された我々の当時の羨望は、言葉では表せないぐらいのものだった。

しかし、私たちより若い世代は、「中国を肯定する」という世論環境で育った世代だ。一九九九年五月の米国による駐ユーゴスラビア中国大使館爆撃（コソボ紛争の中で米軍機が誤爆し、中国人記者ら三人が死亡した事件）の後、ビジネス・ナショナリズムを基軸とする新聞『環球時報』が中国の最も主要な反米、反日的メディアとなった。この新聞は審査部門の甘やかしのもとで、反日感情の醸成に最大限の力を投入し、同時に「中国の台頭」に歯が浮くほどの賛辞を送り、民族主義的感情を創り出す大本営となった。

当然、民族主義的感情は世論によるものだけではない。一九九五年、深圳羅湖の「地王ビル」は、香港にある中国銀行を一六メートル超えた、アジアで最も高いビルとなった。高さの超越は、心理的な慰めにもなる。一九九五年以降に生まれた子供たちが上の世代と最も異なるのは、彼らが小さい頃から空に伸び続ける中国の都市の偉観を目撃しており、「中国は先進国に及ばない」というような古びた決まり文句は、彼らにとってもう受け入れられないものとなっていたことだった。

中国の都市の軒を連ねる摩天楼、広々とした原野を行き交う高速列車、毎年七%のGDPの成長、世界で最も時価総額の高い会社、これらの「中国台頭」を意味する記号や暗示と、新聞紙上の「侮辱された」「損なわれた」「日本は中国の地位に挑戦しようと企んでいる」というような言語表現との間に生まれた巨大な張力と衝突は、次世代の若者の心の中に振り払い切れない悪夢のような心理的な問題を生み出し続けた。

その結果、二〇一二年九月十五日に西安で起きた反日デモで、蔡洋という河南省の青年はU字型のスチールロックを、日本ブランドの自動車を運転していた車主の頭にぶつけた。それは被害者の頭蓋骨を貫通し、彼は歩行と言語の能力を失った。蔡洋は懲役十年の刑を受け、最近、刑期満了で釈放された。蔡洋はこの十年間、「中国の台頭」と「民族の屈辱」という矛盾の中で成長してきた愛国者の代表だった。

二〇一二年八月十九日、深圳で反日デモが発生した。ちょうどその日、香港から深圳を訪れていた私は、華強北という地域から深圳体育館まで続く長いデモ隊を目撃した。彼らは日産製のパトカーもひっくり返した。中国の反日デモで民衆が当局や警察に対抗したのは、これが初めてであろう。広州では、興奮した人々が日本の駐広州総領事館を包囲し、石を投げつけた。

尖閣諸島（中国では釣魚島）の「国有化」によって、この年の九月、両国関係はほぼ氷点下にまで冷え込み、あらゆるメディアは「国交正常化以来の最低点」と呼んだ。「雨漏りの部屋に連日の雨」という俗語があるが、中国民間の対日感情にそういったふうな敵意が満ちる中、日本の第二次安倍内閣が発足した。

この年は、あたかも日中国交樹立四十周年という節目の年だった。

3　桜、日本料理、安倍晋三

二〇一二年末、私は仕事の関係で香港から北京に戻ったが、思いもかけず中国の「偉大な時代」を目撃してしまった。この年の秋、中国の新しい指導者が誕生した。当初人々は、彼にかなりの期待を抱いた。彼のもとで政治改革が断行されるのではないかと望んでいた。十年後に振り返ってみると、この十年はまさに天変地異のようなものだった。中国は絶えず発展し、より開放的になる、というような人々の自信は、間違いなくすべて無慈悲に翻弄されてしまった。

この年、日本の中国への投資額は過去最高の一一二億ドルに達した。しかしその後の十年は、ほぼ年々低下するという趨勢が続いた。日本企業の中国への興味は大幅に低下し、とくに新型コロナウイルスが猛威を振るってから、その傾向はいっそう強まった。中国メディアは、なお日中両国は「政冷経熱」の状態にあると主張しているが、経済データから見てもこの説は成り立たない。

二〇〇八年暮れ、中国の有名な監督・馮小剛と、有名俳優・葛優が協力して作った映画「狙った恋の落とし方」（中国語題名「非誠勿擾」）が中国で公開され、二〇一〇年にその続編も公開された。この映画の内容は、主人公とその恋人が北海道で恋に落ち、またそこでその恋に終止符を打つ、というものであった。映画の舞台となった阿寒湖などの道東地区の景色の美しさは、中国の観衆に衝撃を与え、日本に対する強い好奇心を引き起こした。

同じ年に、日本は中国人の個人旅行を開放した。ただし、中国人の日本旅行が本格的なブームになったのは二〇一二年以降で、それ以降年々増加し、新型コロナが発生する前の二〇一九年、日本を旅行した中国人は九〇〇万人に達した。ある日本の友人は、中国メディアは日本に激しい敵意を示しているのに、なぜ中国の人々は日本に遊びに来ても少しも心の負担がないのか、と不思議に思い、私にその理由を尋ねた。

この質問への答えは非常に簡単である。中国人の海外旅行先の選択肢は基本的に費用に基づくもので、まず選ぶのはシンガポール、マレーシア、タイ、ベトナムなどの東南アジア諸国の海岸線観光地であり、その次は東アジア地域の韓国と日本、最後は西欧諸国である。日本旅行に費す金額は東南アジアのほぼ三〜五倍であり、そのために日本に旅行に来ている人々は、ほとんどが中国の中産階級以上の層である。また年齢的に見ても、子供の頃に日本文化の影響を受けた世代であることが分かる。彼らは、ここ十年間に育てられた反日的「小粉紅」とは年齢層も階層も違う。

私が初めて日本を旅行したのは二〇一四年であり、奈良、沖縄、北海道など、どんな日本の有名観光地でも、同じくらいの歳の中国人に出会えた。目黒川の桜の下でさまざまなポーズで写真を撮ったり、鹿せんべいを一度に十パック買って東大寺の入り口で鹿に餌をやったり……。二〇一五年六月四日には、百円を人民元に換算すると四・九三元という過去最低の、元に対する円安記録を更新した。中国からの観光客は日本でお金を使うことに少しも躊躇しなかった。

最初の頃目立ったのはカメラや炊飯器、ウォシュレットなどの購入で、秋葉原の電器店や池袋の百貨店はにぎやかな中国人観光客でいっぱいだった。東京や大阪の商店では、中国の「微信《ウェイシン》」や「支付宝（アリペイ）」によるクレジット払いの受け付けを始めた。その後、東京と大阪間をバスで行き来し、都内の臨海地区のマンションや億ションを数億円を投じて買い取る中国人も現れた。京都御所のすぐ隣にある豪邸が中国人の豪商の手に渡ったりもした。上海の浦東空港から関西空港への週末のフライトは、いつも満員だった。

二〇一三年には約一万店だった中国国内の日本料理店が、二〇一九年には約七万店にまで増えた。新型コロナウイルスが発生した二〇二〇~二〇二一年の二年間で、深圳だけで日本料理店が二千店増えた。その一つが、長江以南で最も高い摩天楼である深圳平安金融センターの最上階の「雲の上」にオープンした高級和食レストランで、そこでの食事には一人一回当たり十万円を要した。

言い換えれば、中国の民間の親日ぶりと当局の日本への冷淡さは、ここ数年は非常に対照的であった。また、過去の十年間で民間の対日認識も、四十歳以上の中産層の親日と、二十歳前後の「小粉紅」の反日との真っ二つに分かれてしまった。これは実に興味深い現象であり、その根本的な原因は、過去二十年間の反日的洗脳教育にある。教育の効果がきちんと出たと言わざるを得ない。

安倍元首相が暗殺された後、中国内のネット上には歪んだ反日の声が多く上がった。一部のネットユーザーはこれに喝采を送り、日本で再び「三・一一地震」のような政治的大地震が起きるよう呪った。このような人間性も失った発言には、多くの中国人がぞっとしている。中国国内のネット上における反日的で極端な発言は、当局に唆されたものとも考えられる。理由は非常に簡単で、厳しい言論審査体制が敷かれている中国で、もしネット上に流れているとすれば、その話は許されているものか奨励されているものでしかないからである。

中国政府と日本政府の歴史に対する態度は、正反対であるとも感じている。安倍元首相は存命中、次の世代に歴史問題の重荷を負わせてはならない、と述べていた。しかし、中国政府が言っているのは、日本の中国侵略を次の世代、ないし世世代代の中国人に「銘記」させなければならない、ということである。そのため、中国の若い世代のネットユーザーたちは、一九三一年九月十八日の瀋陽（満洲事変の発端となった柳条湖事件のこと）を覚えていなければならないが、貴州省で二〇二二年九月十八日にゼロコロナ対策のもとで住民二七人が命を落とした悲惨な事件（コロナ隔離施設への搬送バスが横転した事件。ゼロコロナで命が失われたと批判されている）は、なかったこと、すぐ忘れなければならないこと、と分かっている。

中国では「歴史」は現在を制御する手段である。明らかに、日中関係史は中国側によって完全に道具にされている。日本が敗戦国から普通の国へ脱皮しようとする望みを歴史問題を持ち出すことで抑制し続けることができるという面もあるが、歴史問題を中国政府が重視する最も根本的な理由は、それが国民の思想統制に使える道具であるという点にある。中国において、歴史問題は意図的にセットされた議題であり、中国のネット上でも揶揄されているように、多くの中国人は政府によって生産された製品に過ぎず、工場出荷時にすでに「日本敵視」のパーツがセットされている。(7)

半藤一利は一九四一年秋の日本の国内世論についてこう述べた。「さまざまな反米反英的な情報が国内をかけめぐり、国民の好戦熱は巧妙な操作で煽りたてられている」（半藤一利『[真珠湾]の日』「プロローグ」、文藝春秋、二〇〇一年)。今の中国は日本に対して好戦的とは言えず、好戦的と言えるのは、せいぜい台湾に対してであろう。しかし、日米への憎悪を煽る宣伝がどこにでも見られることは事実で、このような状況がすぐに変わる見込みはまったくない。

言論の自由が保障されている社会と言論が統制されている社会との間には、情報の質と量に関して雲泥の差がある。中国の一般民衆は、日中間の歴史的真相と詳細を知ることができず、メディアやネット上に故意に放出されたデマや嘘を、受動的に受け入れるしかない。そのため当然、彼らが心穏やかに日中交流を受け入れることは不可能である。だからこのような時期に日中間の交流が増進されれば、むしろ不快な事件がさらに増えるだけとなる可能性が大である。先ごろ亡くなった著名なジャーナリストで、日本経済新聞編集委員の村山宏もそう考えている。

私は、多くの中国人が日本について語る文章を読んだが、彼らのほとんどは日本国民の

(7) 政府による歴史教育の内容にはかならず日本敵視というものがある、という意味である。

深層心理をまったく理解できていない「北京または上海の日本通」にすぎない、と感じている。私がとくに触発されたのは丸山真男の指摘である。その主旨は、日清戦争以来の百年（一八九五〜一九九五年）、日本はずっとアジアにおけるトップの国であった、そのため、一九四五年の敗戦で日本の歴史を戦前と戦後に分けるのは、日本の歴史を理解するのには役立たない、というものである。一般の中国人の立場から、この言葉を完全に理解するのは難しい。しかし、兄弟のような間柄の親友同士でも、お互いのことを完全に知るのには無理がある。まして歴史が入り交じる隣国同士であればなおさらなのだ。

後書き

二〇二一年十一月十五日の午後、私は深圳から東京に来た。深圳の宝安空港を出発した飛行機が離陸後、深圳湾の上空で巨大な弧を描いて方向を転換したので、右側の窓から、南方だから冬でも青々としている香港の流浮山と湿地公園が見えた。天気が晴れていたため、香港島（The Hong Kong Island）の摩天楼もかすかに見えた。飛行機が雲の中に突入するまで、私は窓に寄りかかり、下の大地をじっと見詰めた。

　飛行機は一路北東に向かい、上空から高山と大河をかすめ、杭州と温州の間の海岸線から中国大陸を離れた。私は無表情のままに、これらをぼんやりと見続けた。中国から日本へ向かうこの航路を私は何度も飛んだことがある。しかし今回は、これまでと違って特別な気持ちで胸がいっぱいである。ここ数年、過去に作り上げてきた世界が崩壊し続け、少年時代に立てた価値観と信念は、非常に深刻な挑戦と困難に見舞われてきた。

　二十年前の二〇〇二年なら、自分に問題があるのではないか、と我が身を疑うであろう。今の私はすでに四十代の中年で、躊躇せず祖国を離れる道を選んだのは、まったく私のせいではなく、今、背後にしている、あの完全に変わった中国のせいである。中国のここ数年の極めて大きな変化のために、私と私の多くの同年輩の人々が、祖国に歓迎されない人になってしまった。

　過去四十年間の中国が歩んだ道を振り返ると、「改革開放」が人を惑わす魔力を持つ言葉であることに気づく。北京は二度の改革開放とＷＴＯ加盟を通じて、世界の主要経済体との密接な関係を構築し、二〇〇二年から二〇一二年までの「黄金の十年」を得た。四十年間の経済発展を通じて、経験を積んだ。高圧的な社会規制を維持し続ける資金も技術もあり、強い能力を身につけた彼らは、イデオロギーとしてますます民族主義と偏狭な愛国主義を強め、一刻も手放さず宝にしている。

二十年前、過度な開放とグローバル化が、中国に天安門事件のような政治的危機をもたらすことを懸念して、当局は外部世界を警戒し始めた。その結果、WTO加盟の翌年に、国内のネットをインターネットから遮断する「グレート・ファイアウォール」（GFW）が構築された。その後、中国はWTO加盟時の約束を果たさず、世界経済システムに参入しながら、イデオロギーの面では普遍的価値を敵に回した。

中国がその後の対米および対日外交でますます露呈させた警戒と敵視の態度は、その統治の論理で解釈できるものである。しかしウォール街であれ、キャピトルヒル（ワシントンDC）であれ、霞が関であれ、根拠のない中国への期待を対中政策の主軸とし、中国の発展は直線的で、絶えず上昇し続ける、したがって中国も開放的な姿勢を維持し続ける、と見ていた。今から見れば、こういう判断は疑いなく間違っていた。

歴史は進歩し続けるわけがない。中国の歴史を見ても、一進一退のことがいくらでもある。百二十年前、義和団の首領朱紅灯は、農民を連れて山東省でクリスマスツリーを倒し、教会に放火した。今日、着物（呉服＝絹織物）の発祥地でもある蘇州では、浴衣を着ているると、日本人の服装をした、と言われて警察に強制的に脱がされる。安倍晋三が暗殺されたとき、中国内のネット上には喜びの言葉が飛び交った。このようなことは、一九八〇年代にはまったく想像もできなかったことだ。

昨日の世界が崩壊し、私からも遠ざかっていく。だからといって、私は少しも彷徨ってはいない。ただ中国に対して、「日中友好」に対して、いっそう悲観的になっただけである。今の心境は、あたかも本文の題名の「明月帰らず碧海に沈み」というものである。

（翻訳・王柯）

4 国と国の関係にふりまわされる民間の日本観

コラムニスト、作家 唐辛子

唐辛子（トウガラシ）　コラムニスト・作家・翻訳者。本名は唐明艶。上海華東師範大学で日本語コースを修了。日系貿易会社勤務を経て、一九九八年に来日。『朝日新聞中文網』や『騰訊大家』など中国の人気メディアでコラムを執筆。今は翻訳と著作に専念。
主な著書に『唐辛子ＩＮ日本』（上海復旦大学出版社、二〇一〇年）、『日本式中毒』（広東人民出版社、二〇一六年）、『日本女人的愛情武士道』（上海復旦大学出版社、二〇一一年）、『悦読日本：漫画脳』（上海交通大学出版社、二〇一八年）など。
中国語に翻訳した主な作品（中国語題名は省略）に、本谷有希子『異類婚姻譚』（芥川賞受賞作。上海訳文出版社、二〇一八年）、夏目鏡子『漱石の思ひ出』（中国社会科学文献出版社、二〇一九年）、佐藤俊樹『桜が創った「日本」――ソメイヨシノ起源への旅』（中国社会科学文献出版社、二〇二一年）など。

＊扉写真　ある民宿の和風の庭
（中国湖南省鳳凰県　撮影・筆者）
（本章の写真は筆者提供）

今年（二〇二二年）は日中国交正常化五十周年。ちょうど十年前の二〇一二年九月、私は『朝日新聞』から取材を受けて、「日中これからの四十年」について、私なりの感想を述べた。そのとき、「友好を捨て、理解から再出発」というタイトルを選んだのは、その年の九月、尖閣諸島（釣魚島）問題で中国国内で史上最大級の反日デモが発生したからである。『朝日新聞』の「耕論・オピニオン」の冒頭に、「溝は深い、と実感させられる日中国交正常化四十年の秋」という編者としての言葉も載せた。「友好を捨て、理解から再出発」というのは、中国と日本の両国の隙間に生きる一人の人間として、これからの日中関係についてどうあってほしいと望んでいるのか、という問いに対する答えであり、経済的利益や政治的需要があって生み出された官製の「日中友好」を捨て、「個」としての人間同士がお互いに理解し合うことからやり直そうという、私なりの考えであった。今もこの考えに変わりはない。

さて、それから十年後の五十周年の今年、十年前と考えが変わらないまま、ちょっと雑然としているかもしれないが、あえてもう一度、私なりの観察と考えを述べさせていただく。

1　中国人だから、日本の着物を着るのは有罪だ

二〇二二年は日中国交正常化五十周年である。祝うべきその夏の八月十日、中国蘇州の繁華街——別名「日本街」とも呼ばれる、日本料理店やバーで人気を集めている淮海街で、「浴衣事件」が発生した。

ある若い中国人女性のコスプレイヤーが、日本の漫画「サマータイムレンダ」の主人公をまねて浴衣姿で写真撮影をしていた最中、突然、警官に尋問されたのだ。

「中国人だろう？　着物を着るな！」と警官から大きな声で叱られた女性が「そんな大きな声を出していいの？」と言って抗議したところ、「騒動挑発罪」という罪名で警察署に連行された。約五時間にわたって取り調べられた上、コスプレ用の浴衣も押収され、五百文字数の反省文も書かされ、深夜一時を過ぎた頃、女性はやっと帰宅することができた。「怖かった。これからはもう着物を着るのはやめるしかない」と、女性はドキドキしながら、この件について、中国のSNS上に投稿して不満を訴えた。ところが、たちまち非難の声

が集まり、炎上した。「小粉紅」（「未熟な共産主義者」のこと。「完全には赤く染まっていない」という意味）と呼ばれる中国の若い愛国者らのほとんどは、警察による違法拘禁を平気で認め、警官からパワハラを受けた着物の女性を非難したのである。

中国人だから、日本の着物を着たら有罪だ、というのが彼らの考え方で、こうした考えを持つ中国人はかなりいるらしい。そのため「着物事件」は、この数十年間、中国で何回も発生している。たとえば、二〇一〇年、四川省の成都市で、ある古代中国の伝統漢服を着た女性が街を歩いていたところ、漢服を日本の着物と誤認した愛国者らに強制的に脱がされた上、その場で漢服を焼却された。また、二〇二一年十月、コロナ禍の最中の福建省の厦門《アモイ》で、着物を着ていたある女性はＰＣＲ検査さえも受けさせてもらえなかった。

中国人だと、なぜ日本の着物を着てはダメなのか。それは「精日」を疑われるからである。「精日」とは「精神日本人」の略称で、中国語では「精神的に自らを日本人とみなしている若者」と定義されている。中国人なのに日本人のような精神を持つということは、イコール「非国民」「売国奴」みたいな存在だということで、誰もが愛国主義を唱える中国社会では、絶対に許されないありようなのだ。

ここまで記したすべての事例は、個人が尊重される民主社会の人々の目には、明らかに個人の自由に対する不正な干渉に映るだろうが、中国では違う。長年、「国家・民族の利益は何より一番大事なものだ」という愛国教育を受けてきた人々は、愛国こそ正義だと思い、たとえ蘇州の浴衣事件のような明白な公権力の濫用であっても、彼らはそれをまったく違和感なしに認めるのだ。それと同じように、日本で何かの自然災害や、不祥事などが起きると――たとえば地震、台風、あるいは安倍元首相の銃撃事件等々が起きると、中国のSNS上にはいつも「おめでとう」という非人道的なお祝いの声を上げる人がいる。リアルな生活の中では、彼らも生き生きとした感情を持つ人間なのに、なぜネット上ではこんな心ないことを発信できるのか。それは、愛国こそ彼らの最高道徳であり、愛国こそ正義だ、と彼らが信じているからだ。

では、この「愛国こそ正義」の考え方はどうやって形成されたのか。心理学には「代理状態」という概念がある。それは、権威主義に服従する人々が、自分自身を「他人の要望を遂行する代理人」とみなし、自分の行為には責任を感じず、権威者による行為の意味付けを受け入れ、権威者に従うことこそ守るべきモラルと考えるような状態である。中国は政府が権威を持つ国家である。普通の中国人にとって政府の権威に服従するのは当たり前のことである。政府が「歴史を忘れるな」「精日者を許さない」と言うから、「中国人だから、日本の着物を着たら有罪」という考えが正当化されるのではないか、と私は思う。

2　中国人は反日なのか?

さて、前述の話から、中国人はみんな反日だ、と思われたかもしれないが、実はそうではない。政府の権威に不服従で、大胆に政府批判をする自由派知識人もいる。ただし彼らは、政府批判の声を上げると直ちに厳しい弾圧を受ける。今ではほとんど口を封じられたか、逮捕されたか、ネット空間から追い出されるかして、発言権を奪われている。

また、一部の人は真の反日かもしれないが、全体から見ると、むしろ中国人は元々反日ではなかった、と思ったほうがいい。たとえ日中戦争(中国では「抗日戦争」)の最中でも、中国人は反日ではなかった。戦争中の中国人は、日本に反対したのではなく、侵略者に抵抗しただけであった。

中国江西省出身の作家・熊培雲はかつて彼の著作『西風東土』の中で、次のような話を記している。

熊培雲が故郷の江西省・星子県で抗日戦争の歴史を記録に残すべく関係者を訪ね歩いていたとき、こんな話を聞いたという。地元に二人の抗日老兵がいた（かつて抗日戦争に参加した国民党兵士の生き残りである）。二人は抗日戦争中の若かりしとき、分隊長と機銃射手だったことがあった。彼らはいまわの際になって、やっと初めて心中の秘密を口にした。彼らは抗日戦争中にたくさんの日本人兵士を殺したが、そのことに「今も心が安まらない」と言うのである。

一人は「日本人も人間だ」と言い、もう一人は「殺された日本兵も若者だった。ろくでもないことをした。わしは有罪だ」と、心に隠していた思いを打ち明けたのだ。

誰も彼らのことを有罪だとは思わないだろう。侵略から故郷を守った兵士として、彼らは英雄視されていたのである。しかし、いまわの際に二人とも「心が安まらない」「有罪だ」と思い続けていたことを吐露した。

このことを熊培雲は、「すべての正義は慈悲によって始まり、慈悲によって終わらなければならない」と感慨深く記した。愛国主義よりも人道主義だと言うのである。

一九四五年に日本が敗れたとき、混乱状態の中で中国現地に残された日本人の子供たちの多くは、中国人の養父母が苦労を耐え忍んで育てた。子供らは「中国残留孤児」と呼ばれる。二〇二二年九月二十三日の『毎日新聞』の記事によると、これまでに身元が判明した約六七〇〇人が永住帰国し、一緒に来日した家族や帰国後に日本で生まれた子、孫を含めると、帰国者家族の総数は一〇万から一五万人に上るとされる。その子や孫の世代に彼らのアイデンティティを問うと、「日本人でもあり、中国人でもある」と思っている人は三八％に達し、さらに、自分は「中国人である」と思っている人は一七％を占めた。

日本人なのに、なぜ「中国人である」あるいは「中国人でもある」と思っているのか。それは、残留孤児であった彼らの父母、あるいは祖父母が、かつて普通の中国人の養父母に命を救われた上に、温かい気持ちで育てられたからである。

愛知県額田《ぬかた》郡幸田町《こうたちょう》に、中華民国の初代総統蔣介石を祀った神社「中正《ちゅうせい》神社」がある。今も蔣介石の命日である四月五日に「例大祭」が行なわれている。その境内の由緒書きは次のように記されている。

中正神社由緒

当社は中華民国先総統蔣介石（中正）公を祀る神社である。

蔣公は第二次大戦終了の当日、「怨《うらみ》に報いるに徳を以てせよ。それが中華民族の伝統である」と告示され「日本分割占領の反対、賠償金要求の放棄、天皇制維持、軍官民二百万人を即刻帰国せしめるの処置」をとられた。その結果、今日の日本がある。思えば敗戦国に対し、これほど寛大な処置をとった国主はなく「大恩に報いるに礼を以てするべき」とし、ここに一社を建立し、永代に感謝の誠を献ずるものであり、「怨に報いるに徳を以てする」は、世界平和の原理として、限りなく蔣公の徳を讃えて、その威徳を崇めるものである。

また、明治四三年（一九一〇年）東京生まれの岡野篤夫は、昭和一七年（一九四二年）に応召し、中国各地を転戦した。戦後、会社や飲食店を経営しながら、その戦争体験を『大陸戦塵録‥極《きわめ》部隊中国縦断作戦の記録』（旺史社、一九八五年）という回想録にまとめ出版

中正神社

（愛知県額田郡幸田町　撮影・野嶋剛）

した。その中の「俘虜兵団」の章で次のようなことを回想している。

「一般中国人の我々に対する態度は、不思議なほど寛容だった。

……

街に映画館があった。映画などというものは十年も見ていないような気がした。入れてくれるかどうかきいてみると、もちろんかまわないという。料金は、一般人百二十元、学生六十元、軍人三十元（いずれも法幣）と書いてある。我々は軍人並みでよいのだった。軍人には違いないが、

敵国の、しかも敗戦の軍隊にまで、軍人優待をしてくれるのには恐れ入った」（三三一頁）

敗れた敵国の軍人も、軍人として優待されたというのである。敵とはいえ、相手のプライドを尊重する。この「怨《うらみ》に報ゆるに徳を以てす」という思想の根底には、人には寛容の心で接するという考え方があり、それは孟子が説いた「性善説」と繋がっている。人の性は元初、善にある。人間はみな人間としての惻隠《そくいん》の心を持っている、と孟子は主張した。それは「惻隠の心は仁の端《たん》（糸口）なり」という思想に発展して、儒教の中心的な思想となった。二十世紀の四〇年代における終戦直後の中国人は、このような儒教思想の影響を深く受けていた。加えて日本は敗れた側なので、降伏した日本に反対する必要もない。終戦後の中国人も反日ではなかった。

さて、日中国交正常化した七〇年代から八〇年代、引き続いて九〇年代まで、中国も反日ではなかった。反日どころか、愛日と言っても過言ではなかった。その頃の中国は、文化大革命後の低迷した経済を立て直すため、改革開放政策をスタートさせ、海外資本の導入に精いっぱいだったので、アメリカや日本をはじめとする資本主義国家に対して、かなり友好的で親しみのある態度を示していた。一九七九年から、日本の中国への政府開発援助が始まり、八〇年代には、中国は最も日本からの経済援助が多い国になっていた。中国が戦争への賠償を放棄する代わりに日本が経済援助をしたのであり、それは主にインフレ建設費用の援助だった。北京の地下鉄や国際空港、あるいは数十ヶ所の大型港湾のバース（荷役を行なう施設）などは、すべて日本からの経済援助で建築し整備された。

その頃、日本の映画やテレビドラマも中国に輸入され始め、中国の人々は、山口百恵をはじめとする映画やテレビの日本人の気品やおしゃれに傾倒して、日本は中国人にとって憧れの存在となった。

「中日両国は一衣帯水の隣国だ。
日本は桜と富士山がある美しい国である。
日本人民は平和を愛する」

これは八〇年代の日中友好の蜜月期に、私が受けた「愛日」教育である。

こんな話もある。一九七〇年、江西省高安県は、戦時中の日本軍による虐殺についての証言や事実関係を示す資料などを色々揃え、虐殺記念館を建てたが、「中日友好を破壊する」という理由で、わずか四年後の一九七四年、県政府に取り壊された。その頃の中国人は決して反日ではなかった。当時、反日であった人は、日中友好を破壊する罪人である、とされたからだ。

つまり、終戦後の一九四九年以前の中華民国時代、まだ儒家の伝統思想を持っていた中国は、反日ではなかった。また、一九七二年に日中が国交を正常化してから、少なくとも二十年余りの間、経済援助を急ぎ求めた弱くて貧しかった中国も、「日中友好」を大きく唱えて、日本人に対していつも積極的に好意を示していたので、その頃の中国人も反日ではなかった。

そもそも中国人の「反日」は、実は最近十数年間だけのことではないだろうか。二〇〇五年、当時の小泉首相が靖国神社に参拝したことに対し、中国各地で初めて大きな反日デモが起こった。それによって日本人は初めて「中国人は反日だ」と理解した。引き続き二〇一二年、尖閣諸島（釣魚島）問題に対し中国の各都市で行なわれた反日デモによって、中国人の反日イメージは日本社会に定着したのではないだろうか。

日中国交正常化の五十年間、中国社会においては、「日中友好」と「反日デモ」が繰り返されてきた。その裏側には、中国政府の容認と主導が第一要因としてあるのではないかと考えられる。デモの権利も集会の自由もない中国人は、常に政府の権威主義に服従し行動しなければならない。それも中国特異の愛国教育の核心である。いわゆる共産党を愛する、国を愛する、社会主義を愛することを教える教育である。ここでの「愛」は、ただの「愛」ではなく、「服従」である。つまり、政府の権威に服従しない者は、売国奴として取り扱われる。政府が権威を持つこういう社会において、日中友好を演出するか、反日デモのカードを出すのかは、人々の真の感情によって決まるのではなく、すべて政府の都合によって決まるのである。

3　中国人も平成を懐かしがった

ところで、政府主導の「日中友好」と「反日デモ」の繰り返しの中に生きる普通の中国人は、たとえ「洗脳教育」と言われる歴史教育を受けていても、多くの人は今の自由かつ平和な日本が好きであるとあえて言う。それには、アニメ・漫画をはじめとする日本文化が与えた影響が最も大きいと思われる。

八〇年代の昭和から、中国人が高倉健や山口百恵をはじめとする日本の映画やテレビの文化に慣れ親しんできたことは言うまでもなく、平成から令和に改元したときも、中国人、とくに中国の若者たちは、過ぎ去った平成時代をとても懐かしがった。日本における改元なのに、多くの若い中国人が泣いていた。それは中国人の平成コンプレックスであった。

二〇一九年四月三十日、火曜日、中国の人気SNS・新浪微博《シンランウェイボー》で「平成最後の日」というハッシュタグが検索上位に躍り出た。たくさんの投稿から、次にいくつかを引用し翻訳しておく。

#平成最後の日

平成はもう過ぎた。ようこそ令和。平成時代、我が青春の喜びがいっぱいであった。その時代の日本文化は世界に大きな影響を与えた。そして日本のACGの黄金時代。私は香港の隣の広州に暮らしているので、幸運にこの時代の影響を比較的完全に受けた。少なくとも私にとって、その影響は大きく積極的。私は自分の子供をかわいそうだと思っている。だって、あの子の子供時代には国産のアニメ『喜羊羊与灰太狼』（シーヤンヤンとホイタイラン）しかないが、私の子供時代はドラゴンボール、ガンダム、EVA（新世紀エヴァンゲリオン）があったもの……

#平成最後の日

日本人ではないのに、なんだか懐かしかった。それは日本人と同じような共感があるからだろう。みんな平成という時代を懐かしがった。多くの中国人にとって、その懐かしさの中で過ぎ去ったのは平成だけではなく、私たちの青春もある。八〇年代、九〇年代に生まれた人々の多くは、平成の文化作品に深い影響を受けていた。美少女戦士セーラームーン、EVA、ポケモン、任天堂PS3、PSP……これらのすべてが私たちに影響を及ぼした。こんな美しい作品の生まれた時代が終わりだと思うと、深い感慨を覚える。それはソフトパワーの作用と言える。

なぜ平成時代が懐かしいのか、それは私たちの青春でもあったからだ、と多くの中国人が答えた。八〇年代初期にやってきた『鉄腕アトム』以来、たくさんの日本アニメが中国に輸入され、それぞれの世代の懐かしい思い出になっている。

中国人なら誰でも「藍胖紙《ランパンジー》」を知っているだろう。それはドラえもんの中国語の愛称で、「青い太っちょ」という意味である。二〇一五年に映画『STAND BY ME ドラえもん』が中国で公開されたときも、各地の劇場は連日超満員となった。「懐かしい子供時代の思い出だ」「藍胖紙みたいな友達を持つことこそ僕のチャイナドリームだ」と、みんなが涙を流しながらこの映画を見た。その人気ぶりは官製メディアも無視できず、『人民日報』にも「藍胖紙は涙と興行収入を稼いだ」という論説が載った。

なぜ日本の漫画・アニメは中国でこんなにも人気なのか。愛と友情、希望と勇気、そして心と心の絆……人間共通の価値観を描く漫画・アニメは人々が成長しても深く心にとどまるからだろう。これこそ国や民族を超えた人類社会に属する生きる美学であり、最も求めるべき普遍的価値観なのではないだろうか。

4　日本文化のソフトパワー

さらに、漫画・アニメだけではなく、日本の茶道、華道、枯山水……などの伝統文化も、品格ある生活スタイルとして敬慕されており、中国の若者や中産階級以上の富裕層の間に深い影響を与えている。たとえば、自宅の一室を畳の和室に改装して、家族や親しい友達と一緒に密かに茶道を楽しむことが富裕層たちに好まれている。最も特別な例を挙げると、「赤い資本家」であるファーウェイ創業者兼CEOの任正非《レンジェンフェイ》による改築は、一室だけというものではない。深圳のファーウェイ本社内に、日本から資材を持ち込んで五〇メートルにわたって京都の街並みを再現している。政治的立場において、赤い資本家の任正非は反日派だと思われているが、生活スタイルは明らかに親日派であり、和風生活美学の実践者

中国にも茶道文化が人気

（筆者提供）

である。和風生活美学とは、言うまでもなく日本文化のソフトパワーである。

この文化的ソフトパワーも、密かに中国人の美意識を変化させている。中国人伝統の美意識では「大きく美しい」（大而美）ものが好まれたが、近年、多くの若者や中産階級の人々は、「小確幸」こそ求めたい生活哲学である、と考えている。「小確幸」とは、作家・村上春樹のエッセイ集『村上朝日堂ジャーナル　うずまき猫のみつけかた』に出てくるタイトル「小さいけれども、確かな幸福」の略語である。日常生活の中の「小確幸」をきちんと味わいながら人生を送りたい、という意味である。日本的で繊細な感受性が織り込まれた「小確幸」という考え方は、現代中国人、少なくとも都会の若者たちに、幸福とは何かを再認識させた。

また、日本文化のソフトパワーも、現代中国語に豊富な語彙を与えた。かつて古代中国は日本文化の形成に深い影響を与えたが、近現代においては、日本文化は少なくとも二回、中国に著しい影響を与えた。一回目は明治維新後の近代日本、二回目は現代の日本の漫画文化である。

たとえば、「社会主義・共産主義・封建・共産党・幹部・哲学・革命・同志・組織・政府・方針・政策・申請・解決・理論・科学・商業・法律・美術・芸術・抽象・能力・民主・自由・理想・浪漫……」といった現代中国語は、すべて明治以降、日本から中国へ伝えられた。

「中華人民共和国」という言葉もそうであった。「人民」は福沢諭吉が英語の people を和訳した言葉で、「共和国」も、幕末から明治初頭にかけ活躍した仙台藩士・漢学者の大槻磐渓が、オランダ語の republiek を和訳した言葉であった。語源は『史記』の「周召共和」である。

また、八〇年代以降、今に至るまで中国若年層に絶大な人気を持つ日本のアニメ・漫画文化は、中国の流行語誕生に大いに貢献している。「達人、職場、仏系、腐女（腐女子）、二次元、萌（萌え）、宅男（オタクの男性）、宅女（オタクの女性）、神操作、弁当、正太（ショタ＝ローティーンの少年）、耽美、御姐（オネエ）、中二病……」など、今、中国の若者の間で流行っている新しい言葉は、ほとんど日本のアニメ・漫画に由来する。

結び　「個」としての民間交流と理解へ

雑然としているかもしれないが、ここまで日本についてや、中国社会の移り変わりなどについての、私なりの観察をまとめてみた。

中国と日本の間では、政府が主導する「友好」と「反日」というイデオロギーの隙間を、川の水のように、文化が国境を越えて流れていることにお気づきだと思う。それは政府による主導ではなく、ごく民間のやりとりで、しかも自然のままに流れていくものである。川の水がいつも高いところから低いところに流れていくように、文化も先進的な場所から後進の場所に流れ込む。かつて優れた古代中国文化が、人々の貿易往来をきっかけとして古代の日本に流れてきたように、近現代の日本が文明開化によって先進国家に躍進するに従い、日本発の現代文化と文明も、新興国である中国へ流れ込み、開花した。

そもそも文化とは何だろうか。文化として、それぞれ異なる民族の言語、違う社会環境下での生活習慣、古くから伝わってきた伝統風習、及び人間としての思考方法など、いろいろなものが挙げられるが、最も簡潔な言葉で言うと、文化とは「人類の歴史の流れによって洗練された人々の生活様式及び価値観」なのではないだろうか。こういう文化的な生活様式を両国間の往来によって共有することは、相互理解への第一歩だろう。

九年くらい前だったか、『風立ちぬ』という映画が封切となったとき、その監督をした宮崎駿《はやお》が『朝日新聞』のインタビューを受けた。そのときの一言は今もはっきり覚えている。

「半径三〇メートルか一〇〇メートルか。それが自分のできる範囲の限界で、それでいい、と思うしかない」

これからの日中関係について、私は宮崎監督のこの一言を拝借して語りたい。国家や民族、中国人や日本人という枠から飛び出し、一人の人間として、出会った相手と接すればいい。たとえば、国籍問わずのギョーザ愛好家同士、あるいは同じ「小確幸」の生活哲学を実行する者同士、等々である。国家や民族より、人間として共有する文化のほうがずっと大事である。文化を共有する人々の間では、かならず何か共通の話題が探し出せる。国家の権威に翻弄される「友好」や「反日」より、「個」としての民間的な人間交流こそが、民族や国を越えた真の人間同士の交流なのではないだろうか。このような「個」としての人間交流が多ければ多いほど、お互いに、相手の立場でものを考え、相手の立場を理解し、尊重し合うことができるだろう。

5 「文明」的に世界を説得してください

――「利益外交」から「価値外交」への転換を――

現代中国文学者 劉燕子

劉燕子（LIU Yanzi）　湖南省出身。現代中国文学者。大学で教鞭を執りつつ、日中バイリンガルで著述・翻訳。
主な著書に『天安門事件から「〇八憲章」へ』（共著）、『「私には敵はいない」の思想』（共著）、『中国が世界を動かした「1968」』（共著、以上藤原書店）。『「〇八憲章」で学ぶ教養中国語』（共著）、『永遠の時の流れに』（共訳）、『中国低層訪談録――インタビューどん底の世界』（編著訳）、『殺劫――チベットの文化大革命』（共訳）、『チベットの秘密』（編著訳）、『劉暁波伝』（編訳）、『中国牛鬼蛇神録――獄中の精霊たち』（共編訳、以上集広舎）。『劉暁波詩集――独り大海原に向かって』（書肆侃侃房）など。
中国語の著訳書に『這条河、流過誰的前生与后生？』、『11封信――関於劉暁波的至情書簡』（共訳）など。

＊扉写真　二〇〇七年三月二十七日、北京、万聖書園にて。一三五頁に詳細を掲載　（筆者提供）

1　禁書システムの〈発展〉

二〇二二年八月末、微信《ウェイシン》（中国の騰訊《テンセント》が開発したコミュニケーション・アプリ）の子供・保護者グループのチャットから、青島市や合肥市などいくつかの市が小中高生が読んではいけない禁書のリストを通達し、九月の新学期よりその禁書を始める、ということを知った。禁書とされた本は図書館から撤去され、書店やネットショップでの販売も停止される。だが、驚くことではまったくない。なぜなら、中国では秦の始皇帝の焚書坑儒から禁書システムが途絶えることなく〈発展〉してきているからである。これについて概観しておく。

王朝が交代しても諸子百家の古典、仏典、卜占や天文の書、歴史書、小説、外国事情の紹介などが次々に禁書の標的とされた。このような歴史を経て、封建制の最後の王朝といわれる清朝は、極めて厳重かつ巧妙な禁書システムを構築した。

二十世紀になり王朝の時代には幕が閉じられたが、社会主義の「新中国」も二千年以上続く過酷な文化統制の手練手管、そして〈経験〉や〈教訓〉を我がものとし、一党独裁の思想・イデオロギーの順化のために、禁書システムを「天網恢々疎にして漏らさず」にまで〈発展〉させた。反右派闘争や文化大革命における知識人への血なまぐさい文字獄、廃棄された書物の規模は、歴代王朝における焚書坑儒をはるかに上回る。

文革後の一九八二年、中国のすべての刊行物は、内閣に相当する国務院文化部のもとの出版事業管理局(いくつかの改組を経て一九九三年に国家新聞出版署)が統制するようになった。ここが各省・自治区・直轄市の新聞出版局に具体的な禁書リストを通知し、新聞出版局が公安部門などと連携して取り締まる。それと同時に、党の「領袖」の権威を高める出版を促進する。その一方で、「知らしむべし。拠らしむべからず」と、禁書に関する情報の提供は出版・販売の関係者だけに限定し、秘密主義を強めている。

そして現在、デジタル技術も加わって、禁書システムは極めて「厚黒」で精密になっている。そのセンサーは社会の隅々にまでに入りこみ、「炉火純青(道教では仙薬を練るのが成功すると炉の火が青くなるという)」の域にまで達していると言える。

前述の小中高生に対する禁書以前、すでに二〇一三年四月に、中国共産党は「現在のイデオロギー領域の状況に関する通達（通称は九号文件）」を非公開の内部文書として各級の幹部に配布した。そこでは「歴史的虚無主義を宣揚し、中国共産党の歴史と新中国の歴史を否定する」西側諸国から流入した危険思想を七項目あげ、これに基づき大学の授業で教えてはならない「七不講」が指示された。両者にはいくつか違いがあるが、民主化の動きの徹底的な抑止では同列である。「七不講」の要点は①普遍的価値、②報道の自由、③公民社会（市民社会）、④公民の権利、⑤党の歴史的誤り、⑥権貴資産階級（権力と資本を有する特権階級）、⑦司法の独立である。

さらに、二〇二〇年には小中高校の図書館などで「有害図書」の一斉処分が行なわれた。図書館からの書籍の撤去は文革以来であった。

「有害」であるとする基準として、「国家、主権またはその領域の統一を損なう書籍、社会秩序を混乱させ、社会の安定性を損なう書籍、党の指針及び政策に違反する書籍、党・国家の指導者及び英雄を誹謗中傷する書籍」は違法であり、また「社会主義の中心的価値に沿わない書籍、逸脱した世界観・生命観・価値観を持つ書籍」や「宗教的な教義・規範を唱道する書籍、偏狭な国家主義及び人種主義を唱道する書籍」は不適切である、とされた。

そして、既述したとおり二〇二二年九月から小中高生への禁書が実施された。それは五〇種類以上に及ぶ。具体例を挙げると、『聖書物語』、『聖書の知恵』は「邪教の宣伝」とされた。思想家・易中天の「中華経典故事」シリーズの『周易』、『論語』上下巻、『荘子』、『孟子』は、「歴史的人物がマンガ化され、形象や対話が俗っぽく侮辱的で、歴史虚無主義」であるとされた。児童文学のベストセラー作家・楊紅櫻の「淘気包馬小跳」シリーズや北猫の「米小圏上学記」シリーズは、「格調が低く、思想的に不健全」であるとされた。ジョージ・オーウェルの、全体主義国家により分割統治された近未来ディストピアの恐怖を描いた『一九八四年』や、理想的な共和国を築こうとするが指導者の「豚」が独裁者となり恐怖政治に変貌する過程を綴った『動物農場』も、当然、禁書である。

さらに、台湾のみならず中国大陸、香港、華僑・華人を含む中国語圏で最も著名な作家の一人である龍應台の全作品が禁書とされた。だが、この蛮行に対して彼女は八月三十一日にフェイスブックで、「禁書とされることは私の光栄」であり、一党体制の強権政治に対する〈文明（Civility）の力量〉を提起した。
それでは、彼女はどのような作家なのか。

2　龍應台による〈非文明〉的な発禁処分への〈文明の力量〉の対置

龍應台の著書には、台湾海峡を隔てた中国大陸における戦乱によってもたらされた数知れない生と死や離散《ディアスポラ》を描き出した歴史ノンフィクション大作『大江大海　一九四九』や、国家主席（当時）胡錦濤への公開書簡を収録した評論集『請用文明来説服我[1]（「文明」的に私を説得してください）』（以下、この本はこの和文タイトルで表示）があり、これらは中国大陸では「政治的」とされて発禁である。しかし、今や「非政治的」な著書を含めてすべて禁書とされたのである。それは、龍應台の著作には〈文明の力量〉への思いが一貫して底流

(1) 龍應台『請用文明来説服我』時報出版社、台湾、二〇〇六年。胡錦濤への公開書簡「『文明』的に私を説得してください」は劉燕子〔他〕訳で『藍・BLUE』第二一期、二〇〇六年五月。

作家・龍應台　近影（本人提供）

にあり、つまり、〈非文明〉的な暴力への根本的な問題意識が内包されており、そのことが中国政府にとって不都合だからである。

龍應台は『「文明」的に私を説得してください』において、自分は中国大陸に深く重くどっしりとした感情を抱いており、それには運命的な血縁、歴史的な伝統、さらに言語や文化の根《ルーツ》がある、と述べている。台湾で生まれ育ったことによる「家園」（故郷）のアイデンティティと併行し、また同じ重みで、普遍的価値を貫こうとするアイデンティティも有している。従って国家の暴力は拒絶する。そして、普遍的価値にかかわるアイデンティティと「家園」のアイデンティティが衝突するときは、前者を選ぶ。普遍的な価値や秩序を追い求める内に潜在する思いは、彼女の創作の源泉である。

龍應台は、一九八五年、戒厳令下で白色テロの脅威にさらされた台湾社会を鋭い筆致で批判した『野火集』を上梓した。それ以来、彼女は「公共知識人」として活躍している。『野火集』は、台湾のみならず中国語の世界で広く読まれている。一九八九年の天安門民主化運動の学生リーダー王丹は、「両岸に遍く燃え広がった野火[2]」で、龍應台の明晰な論理や思索から、真理や知識を探究し良知に基づき社会的責任を担うことを教えられた、と述べている。

「六四」天安門事件がタブーとされて公に語れず、むしろ、血によって封印された記憶が薄れようとしている状況下の二〇〇四年六月四日、龍應台は「私たちは誰もが天安門の母です——天安門虐殺一五周年に際して丁子霖に献げる」を台湾、香港、シンガポール、マレーシア、アメリカで同時に発表し、中国共産党に対して、「六四」天安門事件は「道徳的な破綻」であり、従って「血は水よりも濃い」という「民族の大義」などによって台湾人や香港人が「一つの中国」に説得されることはない、と論じた（これは前掲『「文明」的に私を説得してください[1]』に収録）。これは圧倒的な武力に対する〈文明の力量〉の提起であっ

（2）『野火集——三十周年記念版』印刻出版、二〇一六年、所収。

た。なぜなら、丁子霖は、一七歳の息子が戒厳部隊により殺害された母であり、威圧的な妨害にもかかわらず、これを含めた暴力の痕跡が拭い去られないように「文明」的に粘り強く調査を続け、事件の真相究明に取り組む「天安門の母」たちの、中心的な存在だからである。

二〇〇六年、中国共産主義青年団中央委員会の機関紙『中国青年報』の付属週刊紙『氷点』五七四号（二〇〇六年一月十一日）に、官製的な「排外的建国神話」の歴史観と異なる論文や、龍應台の評論「あなたたちの知らない台湾」が掲載されたことで、『氷点』は刊行停止、編集長は免職の処分が下されたが、これに対して龍應台は即座に、先述した胡錦濤への公開書簡『「文明」的に私を説得してください』を発表した。そこで彼女は、中国共産党は、秦の始皇帝、盗跖《とうせき》（古代の伝説的な盗賊。『荘子』では盗跖が孔子に徹底的に反駁したと記述）、太平天国、義和団という暴力的な歴史を美化し、それに基づいて「自らの権力の美学を打ちたてている」と鋭く指摘し、「真理を虚偽に、虚偽を真理にし、さらに、この転倒を制度化する」ことを「中国の価値」に据え、「思考の独立や精神の自由」を「罪」とみなすとすれば、「私たちが統一について議論する出発点は、いったいどこにあるのか」

と問題提起した。

この『文明』的に私を説得してください」が発表されたとき、筆者はマレーシアのクアラルンプールにいて、華字新聞『星洲星報』のジャーナリストや地元の華文書店のオーナー、作家たちと、龍應台が提起した問題について議論した。その中で、一党体制による言論の横暴な扼殺という〈非文明〉的な方式を、中国政府は「中華民族」の統一という名目で国外にまで広げるのではないか、という強い不信が出された。

それは、当時、中国において「大国」への意識や願望が強まっていたからである。同じ二〇〇六年、中国中央電視台（ＣＣＴＶ）が制作した『大国崛起《くっき》』（大国の台頭）が連続して放送された。そこではポルトガル、スペイン、オランダ、イギリス、フランス、ドイツ、アメリカ、ロシア、日本の九ヶ国が世界レベルの「大国」となったプロセスが紹介されており、国内で大きな反響を呼び起こした。『大国崛起』は、中国の近現代史は帝国主義に侵略された歴史であるとともに、その「阻止に努力した」歴史であるという歴史観を基調にして、その屈辱をぬぐい去り「大国」へと進む「中国の夢」を提起する中で、愛国主義を訴えた。

今、中国は、シャープ・パワー（対外世論操作などの、外交政策における操作的パワー）とハード・パワーを組み合わせて経済大国から軍事大国へと突き進む一方で、人権・自由・民主・憲政・法治・平等・博愛などの普遍的価値を西側の危険思想であるとして排除している。これは、一九八〇年代の普遍的価値を求めた非暴力民主化運動を「六四」天安門事件で武力鎮圧した帰結である。

3 「現代版『赤化』」の世界的な拡大

二〇一二年、習近平政権が生まれると言論統制はさらに強化され、「七不講」、「有害図書」、小中高生への禁書というように、禁書システムは〈発展〉し続けている。しかも「習近平新時代の中国の特色ある社会主義思想」を掲げ、それを、一帯一路とともに打ち出した「人類運命共同体」というスローガンに沿って、国際社会に押し広げようとしている。

これは香港において現実になり、禁書に先だち、二〇一九年、逃亡犯条例の改正案というかたちで行なわれたが、それに対して、香港の司法権の独立性に悪影響を及ぼすとの危惧から反対運動が起きた。

龍應台は「花園の芝生に一個の卵がある」という文章をフェイスブック上に発表し、香港人が命懸けで吶喊するのは、ただ一つ、普遍的価値に立脚した香港を守るためである、と次のように論じた（後に『龍應台的香港筆記：修訂版』(3)に所収）。


大国の大国たる所以は、絶対にミサイルや金銭や権力ではなく、一党体制の強権的統治でもなく、大国の民として広いふところで、遠見で、壮大な気宇で包容するところにある。

花園の芝生には一個の卵がある。

我々はこの卵をどのように扱うべきか？

腰をかがめ、そっと拾い、手のひらにのせる。決して割れないように。

(3) 龍應台『龍應台的香港筆記：修訂版』天地図書、二〇一五年。

これがフェイスブックで発表されると、中国のSNSにも掲載された。しかし、即座に削除された。

この逃亡犯条例改正案は最終的に撤回されたが、翌二〇二〇年、国際公約である「一国二制度」が有効であるにもかかわらず、それを有名無実にする国家安全維持法が施行された。しかも、それは香港の立法院ではなく、北京の全国人民代表大会で決められた。

そして、香港の公立図書館では、民主派や本土派（香港ファースト）に関するもの、自由や自治を求める各国の市民運動の歴史、大陸の反革命鎮圧運動、反右派闘争、文化大革命、「六四」天安門事件などを扱った、中国共産党にとって不都合な書籍が書棚から撤去され、貸出も閲覧も禁じられた。メディアにおいても、批判的論調で知られる『蘋果（リンゴ）日報』の創業者・黎智英（ジミー・ライ）が逮捕され、翌二〇二一年には『蘋果日報』も廃刊を余儀なくされた。

二〇二二年九月から大陸で龍應台の全作品が完全にタブーとされたのは、このようなプロセスに位置づけられる。

同月、香港では、ヒツジがオオカミから村を守るというストーリーに中国政府・香港政府への諷刺を込めた絵本三冊を作成・出版した言語療法の専門家五人に、煽動的謀略的であるという理由で有罪判決が下された。

このような禁書システムの拡大を見ると、冷戦期に中国共産党が世界に「革命」を輸出した結果、世界各地で混乱や惨劇が起きた、という負の遺産が想起される。アメリカ・デラウェア州立大学歴史学科の程映虹教授は、「家族・地域共同体・経済・教育・倫理・信仰・芸術などが共産主義革命の最も過激な時期に徹底的に改造され、破壊された」歴史を踏まえて、「毛沢東が押し進めた国内革命も、『共産主義を実現する』と呼号した世界革命も」、「人類文明に対する破壊以外の何ものでもなかった」と批判した。(4) 「共産主義革命」は「反文明という意味」において「不断の粗野化、野蛮化のプロセス」であった、という指摘である。

それは今でも変わらない。城山英巳は、習近平政権は「影響力の世界的な拡大」により

(4) 程映虹『マオイズム革命――二〇世紀の中国と世界』劉燕子編訳、集広舎、二〇二一年、四六四―四六五頁。

「共産党王朝」の「長期安定」を目指しており、それは「現代版『赤化』」である、と警鐘を鳴らしている。(5) 中国は、アメリカに代わり中国的な価値観に基づく世界の改造・革命を狙っており、日本がその標的の例外であると考えることはできない。

4　天安門事件時の「利益外交」の教訓

隣国の中国との関係は、日本にとって、かつてないほど悩ましい問題となっていると言えるだろう。

そもそも佐藤公彦は「近現代日本の最大の躓きの石は『中国』であった」と指摘している。(6)

これは「六四」天安門事件への対応にも現れ、しかもその結果、普遍的価値に噛みつく「モンスター」を産み出してしまった。城山は、「人権よりビジネス」などと人権を軽視し、「経済援助を惜しまなかった」ため、「中国共産党は今、排外的な『モンスター』となり、「既存の国際秩序に挑戦している」のであり、結局、日本の対中政策は「失敗」だった、と結論づける。[7] 日本からのＯＤＡは経済成長のためであったが、それにより中国は「軍事拡張路線に邁進」した。自由市場経済から民主化へと向かうことを期待していたが、むしろ愛国主義と覇権主義が強まり、「激しく日本に牙をむく」ようにさえなった。

このようなプロセスを見ると、「六四」天安門事件は「歴史の分水嶺」であったが、そこにおいて、なぜ、日本は中国共産党の「本質をつかめなかったのか」と城山は問題提起する。

ここで亡命知識人の角度から見ると、一九八九年六月四日の流血の武力行使を目《ま》の当たりにして亡命し、あるいは「六四」前に「合法的」に出国したが、これを契機に祖国との訣別を宣言した知識人の規模は、歴史的に類例を見ないものである。筆者は長年、欧米や

（5）城山英巳「現代版〝赤化〟目論む『モンスター』 日本は中国にこう向き合え」『Wedge』二〇二二年九月、六四頁。

（6）佐藤公彦『中国の反外国主義とナショナリズム』集広舎、二〇一五年、四頁。

（7）城山英巳『天安門ファイル——極秘記録から読み解く日本外交の「失敗」』中央公論社、二〇二二年、五—九頁、二九四—二九五頁、三八一頁、等。

中国の亡命知識人に関する調査研究を進めてきたが、中国は最大の「亡命」発生国であると言っても過言ではない。ところが日本政府は、「日本にも亡命を求める中国人が出てくれば厄介」だ、という対応であった（前掲『天安門ファイル』[7]二七八頁）。「窮鳥懐に入れば猟師も殺さず」の正反対の門前払いであり、国際社会で顰蹙を買ったのであった。

問題は、人権どころか人命まで軽視する中国政府を黙認・追認し、さらにODAなどで支援したことであり、その結果、シャープ・パワーとハード・パワーで強硬な外交政策を押し進める軍事大国をもたらしたのである。

中国民主化のヴィジョンを提起した「〇八憲章」起草の中心的存在であった劉暁波（一九五五年十二月二十八日生まれ、二〇一七年七月十三日に事実上の獄死）は、二〇〇九年十二月二十三日、最終陳述「私には敵はいない」において次のように訴えた。

私はこう期待する。中国の連綿として絶えることのなかった「文字獄」の最後の被害者に私がなり、これからは誰もが発言のゆえに罪を得ることのない社会が実現することを。

2007 年 3 月 27 日、北京、万聖書園にて。
左から劉蘇里、筆者、劉暁波、廖亦武。
廖亦武は 1989 年、天安門事件に関連した長詩や映像詩を創作・伝播して懲役 4 年の刑を下され、後に 2011 年 7 月にドイツに亡命。劉蘇里は中国政法大学元講師。1989 年、天安門広場で学生を支援し、20 ヶ月勾留。1993 年に「自由な表現は自由な社会への第一歩」として中国の民営書店の先駆となった万聖書園を北京大学や清華大学の近くに開いた。

ところが、現実において「文字獄」はますます増えた。圧倒的な独裁体制下で、箝口令に抗して真実に則った生き方を求める表現者たちは次々に投獄され、あるいは海外に亡命せざるを得なくなっている。

ここで注目すべきは、かつて劉暁波が、日本は「利益外交」から「価値外交」へと「転換」すべきである、と提起したことである（「真由美的披肩髪飄飛在中国」、ウェブサイト「独立中文筆会《ペン》」参照）。この「価値」とは普遍的価値である。

劉暁波は次のように論じる。日本は経済大国であり、自ずからアジア経済の発展に重要な責任を負っている。それより重要なのは、政治において日本はアジアで最も成熟した民主主義の大国であり、道義的にアジアの社会的転換、政治の民主化の進展の最大の担い手になるべきである。だが、この方面における貢献の乏しさは、民主主義の大国という立場にそぐわず、大きな失望すら覚える。

そして、劉暁波は獄死をもって〈非文明〉的な中国を示したのであり、これは彼の提起がますます重要となったことを如実に示している。

5 「文明」的に世界を説得してください――四つの提案

それでは日中国交正常化五十周年という節目において、日本は中国に対してどのように向き合うべきだろうか？ ここで「六四」天安門事件に際しての対中外交の「失敗」を教訓とするならば、〈非文明〉的な独裁体制と覇権主義には、毅然と「文明」的に対応することが求められる、ということができる。これにより中国の「非文明」的な方向性を転換させるプロセスへ積極的に参入できるからである。

「中国の特色」というが、中国は世界の中に存在しており、その「特色」は他国との共通基盤の上に立脚しなければならない。中国中心的な世界を拡張するのではなく、各国が認めあう普遍的価値を共通認識《コンセンサス》にすることが重要である。現在の国際秩序の根幹である政治・外交のリベラリズム・デモクラシー、経済の自由市場、言論の自由に関しては、欧米諸国や日本は一歩も譲るべきではない。

具体的には以下が考えられる。

❶民間に「民主主義基金会」を設立する。台湾に民主主義基金会があるのに、なぜ、アジアを代表する民主主義国の日本にはないのか、という質問を、筆者は耳にタコができるほど聞いてきた。中国の内外で一党独裁に異議を唱え続ける知識人たちの問いかけである。

❷真理や事実を研究するための学問の自由を必要条件とする。日本の大学・研究機関・学会などが招聘する中国人学者のほとんどは、学問の自由に反して思想・言論を統制

する政府のブレインであることに注意すべきである。彼／彼女たちの〝学術的〟な発言を聞かされるうちに独裁政権の影響を少しずつ受け、中共への批判を自主規制し、ひいては潜在的に「共謀」し、あるいは「助桀為虐（桀紂のような悪人を助けて罪を犯す）」に至るからである。

❸内外で自由を求めて独裁体制に抵抗する異論者《ディシデント》に言論発信の機会を提供し、出版を助成する。日本の知識人との人的ネットワークを形成する。

❹人道主義に立脚して、人権・自由・民主などのために、リスクをものともせずに発言し実践する者を、顕彰する賞を設立する。

逆に〈非文明〉への対処が不十分であれば、その悪影響が知らず知らずに日本社会の隅々にまで浸透してしまう。すでに、中国資本《チャイナ・マネー》が森林資源、水資源などに手を伸ばしている。日本の伝統文化の担い手の一つである老舗旅館などを中国資本が買収した、というような話もよく聞く。メディアや出版界への影響も懸念されている。これを放置するならば、中国資本が日本で活字不況にあえぐ出版社を次々に買い取り、あるいはメディアを立ち上げ、言論の自由を悪用して「中国の特色」ある紙誌や書籍を続々と刊行し、日本において現代版「赤化」を押し進めることが起こりかねない。これまでの歴史と現状を鑑みると、楽観せずに厳然とした対応が必須である。

このように普遍的価値に則るのは、日本のためだけではない。日本が中国政府に対して「『文明』的に世界を説得してください」と表明するのは、アジアの民主主義国家としてふさわしい役割を果たすことなのである。

〈その他の参照文献〉

龍應台『台湾海峡　一九四九』天野健太郎訳、白水社、二〇一二年

6　「彼を知り、己を知れば、百戦殆《あやう》からず」

——「統一戦線」工作からの脱却を目指して——

東北亜未来構想研究所所長　李　鋼哲

李 鋼哲（り・こうてつ） 一九五九年、中国吉林省生まれ。一般社団法人・東北亜未来構想研究所代表理事・所長。専門は、東北アジア地域協力に関する国際経済と国際関係。北京の大学・大学院を修了後、大学専任講師を務める。一九九一年に来日、立教大学大学院経済学研究科修士課程を経て、経営学博士課程を単位取得退学。東京財団研究員、名古屋大学外国人研究員、総合研究開発機構（ＮＩＲＡ）主任研究員、北陸大学未来創造学部教授を歴任。
主な著書に『アジア共同体の創成プロセス』（編著、日本僑報社、二〇一五年）など、論文も多数。

＊扉写真　日本の訪問者たちと一緒に、中朝露三国国境地帯にて
（豆満江の日本海入海口の近く。筆者提供）

今年は日中両国間の国交が正常化して五十周年を迎える節目の年である。人間の五十歳と言えば、孔子の言葉を借りると「天命を知る」年である。国同士であっても、五十年の付き合いを経れば、十分に相互理解と相互信頼の関係を構築できるはずだ。

ところが、二一世紀に入ってからの両国関係は、前向きに発展するどころか、ますますの相互不理解、相互不信、相互対立という、常識とは逆の方向に進んでいるように思う。

両国の国民世論調査を見ると、相手国に対して「親近感を感じない」と答えた人は両国とも半数を遥かに超えている。NHKがここ五年間、毎年日中両国で行なっている世論調査（次頁の図）によると、二〇一一年以降、日本の場合はほぼ八〜九割の国民が「中国によくない印象、またはどちらかと言えばよくない印象」を持つと回答している。中国は日本より若干低いが、それでも否定的回答が五〜九割の間で変化しており、とりわけ近年は、両国ともに親近感を持たない人が上昇傾向にある。しかし、一九八〇年代や九〇年代の調査では、両国ともに回答者の七〜八割が「親近感を持っている」としていた。このような傾向に直面し、日中両国を跨《また》いで活動する筆者は、実に驚きと不安な気持ちでいっぱいである。

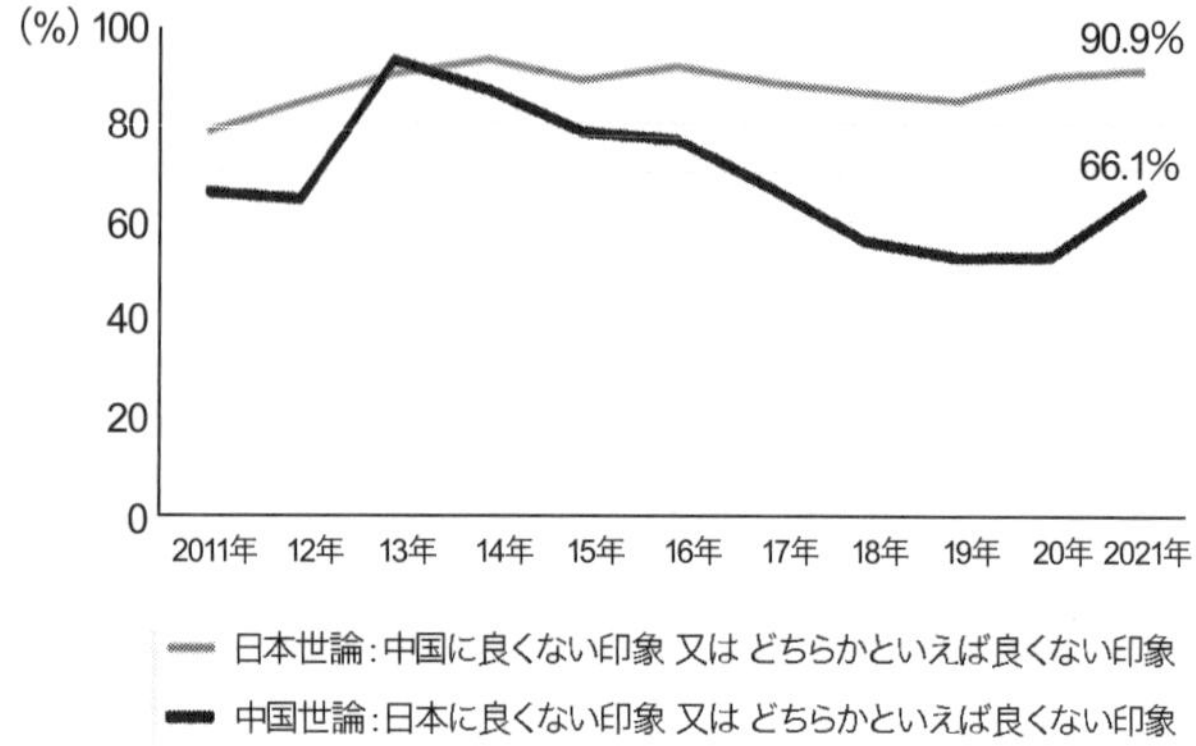

相手国への印象は？

出所：日中共同世論調査より。
NHK 国際ニュースナビ（2022 年 5 月 25 日）より引用。
https://www3.nhk.or.jp/news/special/international_news_navi/articles/qa/2022/05/25/21262.html

なぜ、このような現象が起こったのだろうか？　多くの識者がその研究と分析を行なっており、さまざまな見解を述べているが、かならずしも納得のいく答えがあるわけではない。それらの見解を参考にしつつ、自分の日中両国での生活体験を交えて、日中関係の過去と現在、そして未来のあり方について考えを述べたい。

1　洗脳と、洗脳からの脱却

私の人生は、中国に生まれ育った三一年間と、日本に来てからの三一年間に分かれ、今、ちょうど両国における生活、仕事と研究にかけた時間が半々になった勘定だ。そのことが、客観的に両国関係を五十年間観察してきた、という私の自負に繋がっている。さらに、私は中国人として生まれ育ったが、漢族とは異なる朝鮮族であり、一般の中国人とは違う生活体験と文化の中で育ってきたため、相対的な第三者という立場から日中関係を客観的に捉えることができると思う。

ところで、私にしても、中国で長く生活したのだから、中国共産党やそのプロパガンダ、世論によって「洗脳」されていない、とは言えない。洗脳には、誰もが自分が洗脳されたとは気づかない、という側面がある。辞書では、洗脳（英語：brainwashing）とは「強制力を用いて、ある人の思想や主義を、根本的に変えさせること」と定義されている。しかし、この定義はかならずしも正確ではない。強制力のない世論操作による洗脳もある、と筆者は考えている。したがって、洗脳は世論や言論の自由度と緊密な関係にある。

「国境なき記者団」が報道の自由度ランキングを毎年調査・発表しているが、最近の調査では、日本は、「自由民主主義国家」と言いながらも、世界の七一番目にランキングされ、総合点数は一〇〇点満点で六四・三七（二〇二二年度）である。中国は同じ調査で一七五位にあり、最下位の北朝鮮より若干上にランキングされている。ここで私が言いたいのは、独裁国家の中国や北朝鮮の「自由度」のことではない。いわゆる自由民主主義国家である日本でいかに報道の自由度が低いか、についてであり、日本国民は少なからず洗脳されているのではないか、ということである。

私自身は、中国にいた三一年間、洗脳されてきた人間であり、日本に来てからは自由な環境を利用して洗脳からの脱却を試みてきた。そのプロセスには、少なくとも二十年以上の時間を要した。ここ十年来、私は大学講義で学生たちに、洗脳されず、自分の目で見、自分の頭で判断できる自主性を持って思考のできる人間力を身に着けることが、いかに重要かを強調してきた。

そして、最近の研究課題の一つは、戦後の日本人の対中認識・世論が、いかに中国共産党のプロパガンダの見事な統一戦線工作に沿っており、日本の知識人、ジャーナリスト、政治家、財界、その他の組織や団体が安易にその工作に乗っているか、そこから脱却するにはどうすればいいのか、についてである。

2　共産党の統一戦線工作の本当の狙い

私の大学時代の専門は哲学であった。当時の中国では、哲学は「自然科学と社会科学の総合の上に抽象化された、思考様式に関する学問である」と言われ、最高の学問だ、とされていた。しかし、中国は共産党一党支配の社会主義国であり、言うまでもなく哲学の代名詞はマルクス主義哲学であった。そしてそれは、政治や政権を支えるための指導思想として捉えられていた。マルクス主義哲学のテーゼの一つは、「現象を通じて本質を見抜く」こととされていた。

それでは、現代中国の本質、あるいは中国共産党の本質は何だろうか？　私は、とくに日中関係を理解するための重要なキーワードは「統一戦線」である、と考えた。

毛沢東の表現を借りて言えば「統一戦線」は、中国共産党が政権を勝ち取り、また政権を維持するための「三大法宝」の一つである。一九三九年十月、毛沢東は『共産党人』発刊の辞」の中で、それまでの中共の経験と教訓を総括して、次のように述べている。「統一戦線、武装闘争、党の建設は、中国共産党が中国革命で敵に勝つ三大法宝である」、「統一戦線と武装闘争は敵に勝つ基本武器であり、統一戦線は武装闘争のための統一戦線である。党の組織はこの二つの武器を手にして敵陣に立ち向かう勇ましい戦士である。これこそ三者の相互関係である。このことを正しく理解することで、初めて中国革命のすべてをリードできる」。つまり、「統一戦線」を作ることは中国共産党の行動原理の一つであり、同時に、「毛沢東革命思想」の真髄でもある。それを理解せずに中国共産党および現代中国を理解することはできない。

分かりやすく解説すると、統一戦線工作とは、主義主張を考えず、自分に有利かどうかを唯一の基準とする、「団結できるすべての人々や派閥や組織（政治勢力）と団結し、敵対勢力と向き合えば、かならず勝つ」という考え方である。一九二一年に設立したばかりの共産党は、ソ連のコミンテルン（一九一九年から一九四三年まで存在した国際共産主義運動の指導組織）の指示に従って、第一次「国共合作」、つまり国民党との協力関係を構築し自分の組織を発展させるための基盤作りを行なった。これは共産党が初めて作った「統一戦線」である。中国革命の先駆者と言われる孫文がソ連から支援を受けて打ち出した「聯俄、聯共、扶助工農」（ロシアと連合し、共産党と連合し、労働者・農民を助けてその勢力を革命に利用する）という政策に、中国共産党は便乗したのである。

一九三六年、国民党政府軍の討伐対象として消滅の危機に瀕していた共産党は、日本による中国侵略戦争を利用して、全国民による「共同抗日」のスローガンを掲げ、張学良が起こした「西安事変」をきっかけに第二次「国共合作」を実現させ、共産党の軍隊を八路軍と新四軍として国民政府軍に編入させた。これは共産党の主導による二回目の「統一戦線」である。

現在の中国共産党の対外政策の基底にある考え方も、まさに「統一戦線」の工作に他ならず、「統一戦線」戦略が基軸であることは、共産党が政権を取る以前も以後も変わらないのである。つまり、「統一戦線は対外的に、世界じゅうの団結できるすべての国、政党、勢力、人民と団結することによって、中国革命および世界革命（共産主義）という目標を実現する手段であり思想である」のである。毛沢東時代の対日観および対日政策も、この「統一戦線」思想と併せて見ないと理解できないと思う。

まさにその日中戦争期に、国民政府軍を率いる蔣介石が毛沢東の罠にはまった事実は、最近の歴史研究で徐々に明らかになってきている。毛沢東は国民党と統一戦線を組む一方で、日本軍との秘密の協力関係、つまり「統一戦線」を構築した。毛沢東は中国において最終的に共産主義政権を樹立するために、国民政府軍を日本軍と戦わせてその勢力を弱め、漁夫の利を得たのである。このことは、毛沢東の「持久戦論」という論文からも読み取ることができる。

一九四〇年に毛沢東は「十八軍団」に対し、「七、二、一」という戦略のもと、日本軍との戦闘を控え、主な力を中国共産党の勢力拡大に注げ、という秘密の指示をした。「七、二、一」とは、七割の力を共産党の勢力拡大に、二割の力を国民党への対応に用い、日本軍への抵抗には一割の力で対応する、ということである。実は、日中戦争当時の毛沢東は、すでに日本軍の特務機関と秘密裏に連携を取り、国民政府軍に関する情報を提供して、国民政府軍を疲弊させた、という研究もある。こうした毛沢東の統一戦線戦略と工作は見事に成功し、彼は新中国の成立を宣言し、政権のトップの座に就いたのである。

3 毛沢東の対日観と日中関係

中華人民共和国政権を樹立した後も、「統一戦線」工作は毛沢東や中国共産党の対外戦略として続けられた。中国共産党政権は一九五三年以降、その社会主義路線を明確にした。当時、日本共産党を中心とした日本の左派勢力は、「反米独立」を実現するために、社会主義国と親和的であった。しかし、日本共産党は暴力革命路線の失敗により党勢を失い始めた。一方で中国共産党は、「人民外交」と並行する「民間外交」方針を唱え始め、一九五五年には中央政治局が対日活動方針を打ち出し、政界・財界・文化界の民間友好団体や友好人士に向けた中国支持のための世論工作を積極的に展開するなど、対日統一戦線工作を始めたのである。そのため日中両国間の民間交流も活発になり、左派勢力だけでなく、保守的なリベラリストの中にも中国共産党の支持者が増えた。

日本人を懐柔するために、毛沢東は日本による中国侵略戦争について一定の理解を示した。一九五六年に訪中した元日本陸軍の遠藤三郎前中将と会談した際に、毛沢東は「あなたたちは我々の先生であり、感謝しなければならない。戦争こそが、まとまりのない中国人民を団結させたからである」と皮肉ではなく述べている。さらに一九六一年一月二十四日、毛沢東は日本社会党の黒田寿男と会談した際、「日本帝国軍が中国大半を占領したことによって、中国人民は教育を受けることができた。日本の侵略がなかったら、我々は未だに山里に住んでいたことだろう」とも述べている。そのような話に感銘を受けた日本人は、中国は偉い、毛沢東は偉い、と日本社会に伝え、中共の対日統一戦線工作に「貢献」した。

さらに毛沢東は、二分論を持ち出して対日統一戦線工作を行なった。二分論というのは、中国に対する侵略戦争を起こしたのは日本の軍国主義者たちであり、プロレタリア階級である一般の日本国民は、むしろ中国人民と同じような被害者で、中国人民と団結すべき同志である、というものである。二分論は、日本の親中派や民衆を味方につける戦略であり、今日の習近平政権にとっても相変わらず、対日関係を中国有利に導く法則とされている。二〇一四年十二月十三日、南京大虐殺記念館の式典において、習近平主席はこう述べている。「ある民族（国）の中の少数の軍国主義者が侵略戦争を起こしたが、我々はこの民族を敵視すべきではない。戦争の罪と責任は少数の軍国主義者にあり、人民にはない」。つまり、「ごく一握りの軍国主義者」と「大半の日本人民」を区別し、前者にのみ戦争責任を追及するという。

私の体験から言うと、小学生のとき、農村の露天で抗日戦争の映画をたくさん見たが、学校教育や社会の世論はまさにこのような「二分法」のようなもので、「悪いのは日本の軍国主義だ」、「日本人民は中国人民と同じプロレタリアであり、憎むべきではなく、団結すべきである」と教育された。そのため私も、日本（日本人）に対する敵愾心や憎む気持ちはあまり持っていなかった。

一九七二年九月、田中角栄総理大臣が訪中し、二十九日に「日中共同声明」が調印され、両国の国交正常化が実現した。そのような国家の大事件については、田舎の農民たちは何も知らされなかった。しかしそれ以降、日中関係は友好ムードになり、一九七八年頃からは日本の映画やドラマがブームになって、日本語の学習者が急速に増えた。私より三歳年上の実兄も、七八年に吉林大学日本語学科に入学した。その影響で私も、農村で働きながら大学受験のために独学で日本語の勉強を始めたのである。

4　日中関係の「黄金時代」と私

一九七八年十二月、共産党第一一期第三回大会で鄧小平が毛沢東の「階級闘争」路線を否定し、経済建設を中核とする改革・開放政策を実施したことで、政治・経済・社会の諸分野で活気が溢れる時代となった。その大会に先立って、鄧小平は十月に日本を訪問し、「日中平和友好条約」の批准書を交換した。彼はまた、翌年一月に米国も訪問し、中米国交正常化を実現させた。鄧小平は尖閣諸島問題に関しては、「係争を棚上げし、共同開発」するよう提案した。その「棚上げ論」によって八〇年代の日中は、基本的に友好協力関係にあった。

鄧小平は日中関係について次のように述べている。「日中間には、一時期の不幸な歴史があり、中国人民はきわめて大きな災難に遇い、日本国民が受けた損失も少ないとはいえません。しかし、これも二千年以上に及ぶ友好の歴史とくらべれば、やはりたいへん短い期間のものだったといえましょう。私たちは、前向きの姿勢で、未来に眼を向け、ともに努力して、日中両国民が世々代々友好的に付き合っていくことを願っています」。その五年後の一九八四年、鄧小平は北京を訪れた中曽根康弘首相に、さらに次のように話している。「日中関係は長期的な視点にたって考慮し、発展させるべきです。第一歩は二一世紀、そして二二世紀、二三世紀へと発展させていく、いつまでも友好的に付き合うべきです。このことは、私たちのあいだのすべての問題を超越する重要性を持っています」(『鄧小平文選』第三巻)。

一九七二年九月の国交正常化をめぐる共同声明には、「平和友好条約」の締結がすでに明記されていた。一九七四年からその締結に向けた交渉が始まったが、いわゆる「覇権条項」の明記をめぐって難航した。一九七五年一月、鄧小平は元自民党幹事長の保利茂衆議院議員にこう話した。「我々は永遠に覇を唱えない。率直に言えば、我が国のような遅れた国に覇を唱えるような資格などあるだろうか。問題は三十年、五十年後、我々が発展した国になったときで、もしそのとき中国が覇を唱えたら、世界の人民は中国人民と一緒に中国を打倒する責任がある」。これも一種の統一戦線工作であり、日本を味方につけるための戦略であった。「覇権条項」はソ連敵視の内容であり、中ソとの等距離外交を取る三木武夫政権は明記について難色を示した。しかし、福田赳夫政権下で書き方に工夫して、ようやく妥結した。

一九八〇年二月、胡耀邦が中国共産党総書記に就任した。胡耀邦総書記時代は日中関係の蜜月時代であった。胡耀邦の対日観は、基本的に毛沢東の二分論と鄧小平の実用主義を踏襲しており、一九八三年十一月の訪日では、昭和天皇と会見して天皇に訪中を要請した。日中首脳会談では、中曽根康弘首相が、中国側の提示した日中三原則に「相互信頼」を加えて四原則にしたいと述べ、民間有識者からなる「日中友好二一世紀委員会」の設立を提案した。これは直ちに胡耀邦の賛同を得、胡耀邦が日本の青年三千人を中国に一週間招待するプランを披露し、日本社会を驚かせた。

私にとってもこの時代は、「希望に満ちる黄金の時代」であった。一九八一年九月、北京の中央民族大学の哲学専攻に入学した私は、入学試験の成績がトップであったため、クラスの班長に選ばれ、大学二年生のときには、全学年の中で一番早く共産党に入党できた。日本語を勉強していたため、日本に強い親近感を持ち、日本人留学生と頻繁に交流していた。週末には日本のＯＤＡで作られた北京図書館の「日本文庫」に潜り込み、哲学書をはじめとするさまざまな日本語の書籍を楽しんだ。クラスメートからは「日本通」と言われるほどだった。大学三年生であった八四年に、三千人の日本青年が中国を訪問し、その一部は我が大学にも訪れた。日本語ができる私もその交流活動に参加し、来訪する日本人青年と親密になり、「北国の春」を一緒に歌ったことを、今なお鮮明に覚えている。その時代の日中交流活動を自ら体験したため、胡耀邦総書記を含めた当時の多くの中国人が、本当に日中間の友好関係を望んでいた、と分かる。

5　天安門事件の衝撃と人生の再選択

私は一九八五年七月に大学を卒業し、同年九月、修了後は共産党中央委員会の部門に配属される予定の「中共北京市委党校」の大学院に入学した。しかし、修了する半年前の一九八七年初めに胡耀邦総書記が失脚したことで中国の政治体制に失望し、方向を転換して大学教員の道を選んだ。その二年後の一九八九年四月、胡耀邦前総書記の逝去を受けて、北京の大学生らが天安門前に集合、政治改革を求める民主化デモを起こした。北京のインテリ層が学生運動を支持し、私と所属大学（中国工運学院、中華全国総工会傘下の労働組合幹部養成大学）の学生・教職員は何度もデモ行進に参加した。「国際歌（インターナショナル）」を歌いながら天安門まで行進し、フランス革命の現場に身を置いたような気分だった。しかし、そのような民主化を要求する天安門広場の学生たちを、鄧小平は軍隊や戦車を動員して鎮圧し、六月四日には天安門事件が起こった。

私は偶然、天安門広場での鎮圧が起こる数日前の五月三十日、社会調査に行く計画で大学側に申込みし、許可を得て夜行列車で北京を離れて蘇州に向かった。結局、天安門事件の影響で社会調査ができなくなったため、蘇州、杭州、上海、南京、安徽省など各地の旅行になってしまった。一週間後に北京に戻ったときにはすでに天安門事件は収束に向かっていたが、事件の後、共産党内の政治粛清が始まり、大学の多くの同僚は、鎮圧が起こった当日に天安門広場にいた、と言われ、党から懲戒を受けた。私は北京を離れていたため、その政治粛清に巻き込まれなかったが、そのことに大きなショックを受けた。暗澹たる政治的雰囲気の中で、多くの学生やインテリは出国を最善の道と考えるようになり、さまざまな方法を模索した。そのような状況の中で、私も人生の再選択として日本留学を決意し、苦労してパスポートを取り、九一年五月に北京空港から成田空港に向かい、北京にさよならを告げた。

天安門事件の衝撃で、私は共産中国に見切りをつけて、日本への脱出を果たしたが、日本政府は欧米諸国が加えた制裁に反対の立場をとり、共産中国の人権侵害にはまったく知らないふりをした。現在でも、新疆ウイグル自治区などで起こっている人権侵害に目を向けようとはしない。

6　社会真実から離れた日本の中国研究からの脱却

私は、中国東北部（旧満洲）の吉林省延辺朝鮮族自治州で生まれた中国の少数民族、朝鮮族である。一九八一年に北京の大学に入学するまでは、朝鮮族の言語と文化の中で暮らしていたので、誇張ではなく、北京の大学への進学は、私にとっては外国留学と変わらないことだった。大学と大学院時代、その後の四年間の大学教員生活を合わせても、中国文化の中で暮らしたのは、わずか十年間にすぎなかった。そして、三一年前の一九九一年五月に、北京の大学の教員を辞職し、日本に来て立教大学の大学院に入った。

大学院での研究テーマは、「図們江（朝鮮語では豆満江《とまんこう》）地域国際開発プロジェクト」だった。図們江地域というのは、中国、北朝鮮、ロシアの三ヶ国の国境を流れ、日本海に入る図們江の入り江で、その三ヶ国の国境地域における国際共同開発の可能性についての研究であった。二〇〇一年四月から、政策シンクタンクの東京財団に「北東アジア開発銀行（NEADB）の創設と日本の対外協力政策」という政策研究チームが発足し、研究員兼事務局長として一年半、その研究プロジェクトに携わった。さらに、二〇〇三年から〇六年までの三年間、日本の内閣府の政策研究シンクタンクである総合研究開発機構（NIRA）の研究員となった。中日韓三ヶ国語を自由に操ることができるというメリットを生かして、さまざまな研究プロジェクトにコーディネーターとして参加し、日本政府に政策提言をし続けた。中国政府系のシンクタンクとの共同研究も実施していたため、日中関係の良好な発展は私の研究にとっては不可欠な条件であった。しかし二一世紀に入ってから、日中関係は一進一退の中で徐々に後退し、悪化の一途をたどった。それはなぜだろうか、という疑問が常に頭をよぎる。

国家間の関係の良し悪しは、当事者双方に問題がある、と私は理解している。しかし、日本国民は日頃、日本の世論や政治の現状を見ているため多少とも日本のことについて分かっているであろうが、相手の中国のことについては、いったいどれほど分かっているのか、と私は常に疑問を持っている。日本の国民もさることながら、戦後の日本の政治家、学者、マスコミ関係者も、現代中国の実態をあまり知らないのではないか、と私は思う。もちろん専門家もたくさんいるだろうが、中国社会における実体験が余りにも乏しいので、中国の社会や文化に立脚した研究はさほど多くない、とも感じる。

現代中国はいったいどのような国なのか、中国共産党とはどのような政党なのか、中国共産党の世界観はどのようなものなのか、中国共産党の言っている「中華民族の偉大な復興」や「人類運命共同体」とはいったいどのようなものなのか、中国の対外政策の基底にある思想はいかなるものなのか、中国の対日観の基本特徴はどのようなものなのか、といった疑問を解くためには、まず中共による洗脳からの脱却が必要で、そうして初めて中国の真実を知ることになると思う。そして、私が願うのは、このような洗脳から脱却するために、日本人がまずは中共の「統一戦線」工作に惑わされないようになることである。

私が日本でアルバイトしながら勉強に奮闘していた十年の間に、中国は、二〇〇一年十二月にWTOに加盟し、市場経済とグローバル化のおかげで高度成長の時代に入り、二〇一〇年にはGDPで日本を超えた。しかし、そこから中国のリーダーたちも驕りだし始めた。

前述したように、かつて鄧小平は、「中国は永遠に覇を唱えない……、我が国のような遅れた国に覇を唱えるような資格などない……。三十年、五十年後、我々が発展した国になったとき、もし中国が覇を唱えたら、世界の人民は中国人民と一緒に中国を打倒する責任がある」云々と言ったが、現実はどうなのか？　世界覇権国のアメリカとの覇権争いが始まっているのではないか。鄧小平や胡耀邦・趙紫陽の時代の中国は、「韜光養晦」（隠れて時期を待つ）の策をとり、先進国に学ぶという謙虚な姿勢を見せていた。しかし、習近平時代になってからは、「大国外交」を唱える覇権外交、経済力に基づく対抗外交、いわゆる「戦狼外交」を展開している。習近平は米国と対等な地位にあり、米国を「平視」すべきである、と強調した。そこから見えてくるのは、米国に追従する日本は見下ろす対象に過ぎず、日本を同等な立場で見ようという姿勢は中国には見られなくなったのではなかろうか。

　中国が日本を見下ろすような状況は、習近平時代になってから一挙に出たものではない。時代を遡ってみれば、江沢民時代からすでに始まっていた。その時代の中国政府は、一方では対外開放し、先進国に学ぶ、というポーズをとっていたが、すでに西側諸国に対しては、相手の価値観を認めない、という姿勢を取り始めていた。日本との関係においても、歴史教育を強化することで反日感情を煽る行動に出始めた。

　一九九八年に江沢民国家主席が訪日した際、両国政府は「日中共同宣言」を発表し、両国の関係を「友好協力パートナーシップ」と定義したが、他方で、早稲田大学での講演会において日本の歴史認識を批判した。その時点から日中関係の黄金時代が終わり、相互不信の時代に変わりつつある、と筆者はそのとき思った。江沢民が反日教育に熱心だったのは、一九八九年六月の天安門事件以降、中国共産党の求心力が低下し、共産主義思想による国民統合がもはや不可能になったため、その代替策として「日本軍国主義復活論」を唱え、国民の視線を外部にそらすという狙いがあったからである。

　今、習近平が中国の外交を、全面的な大国外交、覇権外交に転換していることは論を俟《ま》たない。中国社会科学院には「大国外交研究センター」が設立され、南シナ海では国際規範やルールを無視し、「一帯一路」戦略を打ち出して中国モデルを第三世界に輸出し、西側の民主主義より中国式の民主主義が優れていると主張し、台湾問題においては「平和統一」への重心から、「武力統一」を辞さないことを強調するように転換した。その結果、これまで先進技術と資金を頼りにしてきた西側とは対立構図を作り出し、対外的には政治的、経済的、文化的浸透をはじめとする統一戦線工作の攻勢をいっそう強めてきた。しかし、前述した鄧小平の話を約束どおりに考えるのであれば、そろそろ「中国が覇を唱えたら世界の人民は中国人民と一緒に中国を打倒する責任がある」という言葉を思い起こす時期に来ているのではないだろうか?

結び 「韜光養晦」から「大国外交」に転換する中国とどう付き合うべきか

長い歴史の中でさまざまな大国が興亡を繰り返してきた。二一世紀の初頭に入ってから中国は名実ともに大国になり、米国の力を超えるのは時間の問題だ、と世界の多くの政治家や有識者たちが見ている。しかし、私にはそうは思えない。今の中国の政治体制のままで、しかも多くのハイテク技術が、米国をはじめとする先進国に依存せざるを得ない現状では、経済成長が止まれば、日本と同様に「失われた三十年」、もしくはそれより深刻な時代を中国は迎えるのではないか。さらには、社会崩壊や体制崩壊も起こるかもしれない。いや、そのプロセスはすでに今、始まっているのではないだろうか。その兆候はすでにたくさん現れているが、残念ながら日本の新聞やテレビはその実態を日本の国民にまともに伝えていないのではなかろうか。この点については、紙幅が限られているため、別の機会に譲りたい。

中国が米国に代わって覇権国家になるかどうかは別にして、中国の国力が日本の経済や軍事などを超えてすでに大国になっていることは紛れもない事実であり、また、前述したように、中国がすでに「韜光養晦」という平和外交から大国外交（戦狼外交）に転換してきていることも事実である。日本はこのような大国中国に立ち向かわなければならないが、では、どのようにして立ち向かうべきなのであろうか。

筆者に言わせれば、まず中国政府・中国共産党政権の本音を知ることから始めるべきだと思う。つまり、中国による「統一戦線」工作の正体を知らなければならない。

「彼を知り、己を知れば、百戦して殆《あやう》からず」。これは、『孫子の兵法』の名句であり、日中両国においても同じ意味を持っている。相手国の本質を把握すれば、日中外交ないし日中両国の未来を能動的に展望することができ、本当の意味での日中両国人民の友好関係の構築が可能になるように思う。

7 想像された日本と日本人

作家　慕容雪村

慕容雪村（MURONG Xuncun）　一九七四年生まれ、山東省出身。本名は郝群。中国の著名な作家。一九九六年、中国政法大学法律学科を卒業、二〇〇三年に長編小説『成都、今夜請将我遺忘』で作家デビュー。その後、『天堂向左、深圳往右』『伊甸桜桃』『原諒我紅塵顛倒』『多数人死於貪婪』『葫蘆提』『中国、少了一服薬』『遺忘在光蔭之外』など多くの小説やノンフィクション作品を出版。英語、ドイツ語、フランス語、日本語、韓国語、ベトナム語などに翻訳出版される。
また、長きにわたり『ニューヨーク・タイムズ』紙のコラムを担当しているほか、海外メディアで中国事情についてコメントすることも多い。コロナ禍が始まった武漢における取材に基づく作品『禁城、武漢伝来的声音』（二〇二二年出版）によって、中国の国家安全局から脅迫を受け、二〇二一年八月に中国を脱出。現在オーストラリア在住。

＊扉写真　ニューヨーク公共図書館前で中国の審査制度について抗議（筆者提供）

1　ある若者の、矛盾を抱える日本観

二〇一五年秋、私は自分の微博《ウェイボー》のサイトで、ある青年から一通の手紙を受け取った。なぜ彼がその手紙を送ってきたのか、はっきりとは覚えていないが、おそらく彼は、私の微博のサイトで述べた日本国憲法についての意見に賛成せず、そのことを伝えようとしたのだったろう。彼はその手紙で激昂した口調で、「日中両国はかならず戦争で対決することになる」「もしその日が本当に来たら、私はかならず国のために出征しなければならない」と述べていた。さらに続けて興奮気味に、「人間だけではなく、草ひとつも生えないように日本列島のすべてを滅ぼす」というようなことを記していた。まさに大出力の芝刈り機のようだった。このような意見は中国では決して珍しくないが、私は、なぜ彼がこのような考えを持っているのか気になった。それで彼の微博のサイトを見たところ、この人は典型的な「愛国者」であり、いつも中国共産党を賛美し、また、政府批判をしている人を激しく攻撃していることが分かった。「国がお前たちを育てたのだ！　お前のような恩知ら

ずより、犬を飼うほうがよほどましだ！」と罵倒していたのである。でも、意外なことに、とはいっても実は意外ではないのだが、彼は一面では日本のアニメのファンであり、とくに『ウルトラマン』と『名探偵コナン』の話をよくしていた。私には、彼のありようがとても面白く思われて、彼と次のような会話を交わした。

——殺人は正しいことだと思うか。

——殺人はもちろん間違っているが、日本人は人間とは言えない！

——日本の男を殺すのか女を殺すのか。

——みんな殺せ！

——老人と子供は？

——同じように殺せ！　草を刈るからには根絶やしにしなければならない！

——では、宮崎駿は、殺してもいいのか？

彼は長い間返事をしなかった。それで私は続けて聞いた。

——『クレヨンしんちゃん』、『ちびまる子ちゃん』、『ウルトラマン』、『コナン』……そして、これらの人物を作り出した日本の作家たちも、あなたは殺したいと思う？

すると彼は、私をそのフォロワーリストから削除した。

私は、自分の二言三言でこの人を説得できると思うほど自信過剰ではない。彼が私との会話で考えを変えるとは思わないし、人を説得するのはそんなに簡単なことではない。でも、この会話を通じて、彼に何かを気づかせる可能性はある、と感じた。なぜなら、その熱狂的すぎる感情のもとで彼が書き記していたのは、かならずしも彼が本当に望んでいるものではなかった、少なくとも論理的でも思慮深いものでもなかったからである。彼は自分が日本を憎んでいると思っているが、事実としては、日本人や日本文化の中にも、彼が大切にし、愛しているものがたくさんあった。

私に手紙を送ってくれたこの若者は、当時おそらくまだ二十歳未満で、中国東北部（旧満洲）のある都市で大学に通っていた。もし彼が狂暴なナショナリズムの感情を表出しなければ、もし彼が「人を殺す」とまで口にしなければ、人は彼を人に好まれる美点を持つ人物だと思うだろう。彼はバスケットボールが上手で、具がぎっしり詰まったパイと油条（中国式揚げパン）が好きで、失恋した後にたくさん酒を飲み、真夜中の運動場でひとり座って静かに涙を流す。教養がなくて下品なやつらが一番嫌いだ、という彼の発言から、私は、彼は先生や先輩と対面する際、きっと礼儀正しく行動する若者に違いない、と推測する。しかし、教養がなくて下品なやつらに対する嫌悪は、日本人を嫌うほどのものではないことも明らかで、彼はそのような下品なやつらを殺すとは言っていないし、そのつもりもないようだった。

2 想像された日本への恨み

この若者はおそらく、よく言われる「小粉紅」(小さなピンク。七五頁の注記参照)であろう。この数年、「小粉紅」グループは次第に世界じゅうの笑い話の種になってきた。彼らは共産党の支持または暗示を受けて興奮気味に、賑やかな場所に繰り出し、世界に向かって怒りの唾を吐き、台湾人を「台蛙」(台湾の蛙、「台湾」の発音に近い)、インド人を「阿三」(昔の上海の人々が使った英国租界で巡査を務めるインド人に対する蔑称)、ムスリムを「緑々」(イスラームを象徴する色の一つ)、アメリカを「醜国」(「美国〔美しい国〕」とあてた言葉をわざと「醜い国」に変えた)と呼ぶ。しかし、彼らを最も熱狂させるのはやはり日本である。中国のソーシャルメディアには、彼らが発する「核で東京を焼け野原にするぞ」「日本人を皆殺しにするぞ」などといった言葉が随所に見られる。ところが同時に、彼らの多くは、日本のアニメ、小説、映画やテレビドラマ、電気製品の熱狂的ファンでもあるのだ。

「いつになったら初めて秋葉原に行けるのかな」、二〇二二年七月、ある知り合いの若者が私に向かって言い、「それはきっと夢のような旅になるだろう」と憂鬱そうにため息をついた。しかし、そのわずか数日前に彼は、安倍元首相が暗殺されたことについてソーシャルメディアに、「人のやっていることを、天は見ているぞ」「これはすべて天からの報いだ!!!」と、人の不幸を喜ぶ文章を書いていたのである。

ここ数年、私は数多くのこのような若者と話をするチャンスを得た。彼らの意見には賛成できないが、彼らがとくに邪悪で愚かな人だとは思っていない。むしろ、彼らは被害者——心が毒された若者だと思っている。多くの点で彼らは、特別に変わった人間ではなく、私たちと同じく普通の心を持って日常生活を送り、物価や天気を心配し、仕事のために早起きしなければならないことにがっかりし、かわいい花や猫や犬を見れば嬉しくなることもある。さらに重要なのは、彼らを至近距離で観察すれば、これらの「アニメピンク」(「動漫粉紅」）は本当に日本を憎んでいるわけではないこと、あるいは、彼らが憎んでいるものは実は事実上存在せず、想像された日本にすぎないということがはっきり分かる、ということである。

この「想像された日本」は、軍国主義思想が依然として横行しており、誰もが残忍で血に飢えた好戦的な人々であり、同時に強大な武力を持ち、中国に対して巨大な敵意を持ち、いつでも侵略戦争を始める準備ができている、というものである。私は、これらのピンクの青年たちが時折鏡を見て、自分たちが想像している日本人はまさに鏡に映る自分たち自身ではないか、と気づくことを心から願う。

残念なことに、これらの人々はほとんど日本に行ったことがなく、実際に日本人に接したこともない。彼らが事実上存在しない日本を指さし声をからして口汚く罵るのは、実は「パブロフの犬」的な反応であり、彼らの政府による長期的な、決まった内容の訓練の結果にすぎない。この政府は怒りの情緒を彼らの脳に注ぎ込み、不安な騒音を出すように指示し、甘やかした。一方で、喜ばしいことに、たとえこのような政治的社会環境下にあっても、粘り強く異なる声を出す人はいる。「日本に行ったことさえあれば、日本を恨むことはできなくなるはず」。安倍元首相が亡くなった後、この言葉は微博《ウェイボー》と微信《ウェイシン》（ウィーチャット、中国式のツイッター）で広く伝わった。このことは、この国にはまだ冷静さと正義感を持ち、現実を理解している人がたくさんいる証である。ただし、これに関しては、ぜひ理解してほしいことがある。それは、今日の中国でこのような発言をするのは実に容易なことではない、ということである。こういう発言をしただけで、恐ろしい災いをこうむる恐れがある。政府はプロパガンダにより彼らを「精日」——精神的な日本人だと厳しく糾弾する。「精日」は、「漢奸」（漢民族の売国奴）「裏切り者」とほぼ同じ意味を持つのである。

今日の中国では東野圭吾や村上春樹の作品が売れており、若者たちはしょっちゅう『ウルトラマン』や『コナン』の話をしている。と同時に、「日本人を殺せ」という叫び声もいっこうにやまない。ジョージ・オーウェル（イギリスの作家、全体主義国家による恐ろしい統治を描いた『一九八四年』『動物農場』などの小説がある）の読者であれば、こうした現象を目にしてもあまり驚かないだろう。それが、彼の作品に出てくる典型的な「二重人格」に他ならないからだ。これらの「アニメピンク」の言動をよく見ると分かるのは、彼らにとって日本は、彼らに愛と憎しみ、憧れ、嫌悪感を併せ持たせる複合物であり、虚構と真実が重なり合う国である、ということだ。倒錯しているのである。

「日本人はそれほど酷い者たちだが、同時にまた、それほど素敵な人々でもある」

「彼らは私たちの不倶戴天の敵であるが、私の最も行きたいところはその日本に他ならない」

「日本人を皆殺しにしなければならないが、一方で彼らは、どれだけ私の気に入った良いものを作ってきたのだろう」

3 政府によって煽られた好戦意識

このような心の歪みの主な源は、共産党政権が数十年をかけて毎日のように行なってきた愚民化宣伝と憎しみの教育である。この政権は教科書やテレビや新聞を通じて、日本は邪悪で野蛮で危険な国であり、憎まなければならない、という信条を民衆に注入し続けてきた。まさにこのような信条を植え付けるために、彼らは血腥《ちなまぐさ》い抗日映画、抗日ドラマを大活躍させ、日本文化を慕う人を容赦なく非難、攻撃してきた。そのような教育のもとで、すでに多くの悲劇が生まれていた。二〇一二年、政府の意向で始まった反日騒乱の中、西安において、二一歳の出稼ぎ労働者蔡洋は、日本車を運転していた中年男の頭蓋骨をU字ロックで激しく突き破り、彼に終生残る障害をもたらし、蔡洋本人も、命をかけて「愛国」する「願いをかなえて」刑務所に入った。事件後のインタビューで、彼の母親は最も簡単な言葉で、この恨みの由来を明らかにした。彼女は記者にこう言った。「テレビをつけると、ほとんどのドラマは抗日に関するものだ」「日本人を恨まないわけがない」と。

中国政府はずっと「平和を愛し、戦争に反対する」とプロパガンダしてきたが、事実上は、この政権はすべてを戦争とみなしている。たとえば、学者や文学者を批判することは「イデオロギー戦争」、ハリウッド映画の禁止は「文化戦争」、日本製品のボイコットは「新抗日戦争」である。防疫さえ「偉大な衛国戦争」とみなされ、外交は「戦争中の戦争」とされている。確実なのは、この政権は西側諸国を友人とみなしたことがなく、逆に、すべての民主国家を、争う相手や敵とみなしている、ということだ。そのため、彼らは国際協力の場においても最大の「約束違反者」になることを辞さない。それで自分の結んだ約束を公然と破棄し、美しい香港を「難民」の町にしたのである。このような「世界を敵にして戦う」という心理があったからこそ、この政権はプーチンと彼の侵略戦争を公然と庇い、陰で支持してきたのである。

日本について言えば、すでにここ数十年の歴史によってはっきり示されているように、中国共産党政権は日本敵視を一刻もやめていない。たとえ最も開明的で最も友好的なとき――日中両国は「一衣帯水、淵源流長」である、という言葉が彼らの口からいつも発せられていたとき、それはまた、彼らが最も日本の援助と投資を必要としていたとき――であっても、この政権は「日中間に最終的にかならず一戦がある」というマゾヒズム的妄想を捨てていなかった。そうでなければ、なぜ彼らがこれほど大量の血腥い抗日映画やドラマを制作させたのかが説明できない。そのような抗日映画やドラマの制作は、実は一九四九年の政権樹立当初から今日に至るまで続いている。多くの時期、ほとんど「日本人殺し」の題材だけが審査を通過することができた。このことだけでも共産党政権の日本に対する本当の見方を示すのに十分である。日本は「一衣帯水」の隣人ではなく、「投資歓迎」のビジネスパートナーでもなく、「私たちの永遠の敵」なのである。

日本は、共産中国が日本のことをこのようにマゾヒズム的に妄想していることを正視し、その上で自分たちが「永遠の敵」とされている現実を冷静に受け止めなければならない。過去五十年間、日本は中国に対して常に援助の手を差し伸べてきたが、この恩知らずの政権のプロパガンダのせいで、これらの気前のいい行動は対等な善意と引き換えることができず、中国を日本の友人にすることもできず、中国人の日本に対する嫌悪と憎しみはますます深まるばかりである。さらに重要なのは、この政権はいっこうに戦争を放棄するつもりはなく、巨額の軍事費を維持し、世界最大規模の海軍を作り、「祖国統一の大業の実現」(台湾を領土に組み込むこと)を繰り返して唱え、しばしば「武力を絶対に放棄しない」と宣言していることである。習近平が最高指導者になってからの十年間、このような戦争の脅威はますます現実味を帯び、しかもいっそう頻繁に示されるようになってきている。論理的に推定すれば、この政権は戦争を起こす準備をしている最中であり、もしかしたら、間もなく戦争が始まることもあり得る。しかし、私は皆さんにお聞きしたい。こうした事態を前にして、世界はそれに対する準備ができているのであろうか、と。

日本は、共産党が中国を統治している限り、両国の関係に改善に向かう本当の変化はあり得ないこと、共産党に脅かされて中国人と日本人は互いに敵になり、憎しみ合うしかないことを知っておく必要がある。日本のアニメを見ながら日本人を殺そうと考える狂暴な中国の青年も、ますます増えていくに違いない。この状態は世界にとって危険なものであり、世界もその危険性を直視する必要があると思う。

結び　明るい日中の未来はあり得るか

私自身はアニメファンではないが、中国の「動漫粉紅」の若者たちと何度も話を交わしていているうちに、これらの「中毒した若者たち」がなぜ日本のアニメ作品を好きになったのかがだんだん分かってきた。面白くて、人間性の輝きと温かさが感じられる日本のアニメ作品は、乾いた土地をそっと潤している雨のように、彼らの毒された心を静かに清めてくれている。私たちにとってこのことは、さほど多くない将来の希望を託せるチャンスの一つである。私は、日本のアニメを楽しみながら日本を憎む若者たちを見ると、歪んでいる者たちだと思うが、その一方で、この事実は、視点を変えて見ることもできる、ということを教えてくれているようにも思う。それは、毒された若者たちは、日本のアニメで共産党の邪悪な宣伝に抵抗しているのではないか、ということである。

私は、彼らは絶対に人を殺さない、と言っているわけではない。いや、熱狂的なナショナリズムの感情が往々にして大きな災難をもたらすことは、疑いのない事実である。あたかもウクライナの土地で暴れているロシア兵のように、条件が許せば、彼らの中の何人かは、悪事のかぎりを尽くす凶徒になる可能性が十分にある。しかし、それは私の望むところではない。私が最も信じたいのは、いずれ、この「故意に毒を放つ」システムが完全に崩壊することにより、多くの人が、憎しみや狂暴な考えを捨てて、健康で正義感を持つ現代社会の市民になり、自分の本心を大切にして迷わず「精日」（精神的な日本人）になる、といった事例がますます増えるということである。

（翻訳・王柯）

8　羨望と希望から、失望までの五十年

神戸大学名誉教授　王　柯

王柯（WANG Ke）　一九五六年生まれ。一九八二年、中央民族大学を卒業。中国政府文化省勤務を経て、八八年に来日。東京大学大学院博士課程修了（学術博士）。九六年から神戸大学国際文化学部助教授、教授、客員教授を経て、現在神戸大学名誉教授。国際文化学研究推進センター連携フェロー。主な著書に『東トルキスタン共和国研究――中国のイスラームと民族問題』（東京大学出版会、一九九五年、第一八回サントリー学芸賞受賞）、『多民族国家　中国』（岩波新書、二〇〇五年）、『二〇世紀中国の国家建設と「民族」』（東京大学出版会、二〇〇六年）、『민족과 국가』（韓国東北アジア歴史財団、二〇〇七年）、『日中関係の旋回――民族国家の軛を超えて』（二〇一五年）と『辛亥革命と日本』（編著、二〇一一年、以上は藤原書店）、『中国、従「天下」到民族国家』増補版（台湾政治大学出版社、二〇一七年）、*The East Turkestan Independence Movement 1930-1940*, The Chinese University Press, Hong Kong, 2018,『消失的「国民」――近代中国的「民族」話語与少数民族的国家認同』（二〇一七年）、『亦師亦友亦敵――民族主義与近代中日関係』（二〇一九年、以上香港中文大学出版社）など多数。

＊扉写真　トリニティ・カレッジ図書館のソクラテスの胸像（筆者提供）

一九七二年九月二十九日の日中「共同声明」で、「相互に善隣友好関係を発展させることは、両国国民の利益に合致するところであり、また、アジアにおける緊張緩和と世界の平和に貢献するもの」と謳い、両国は「国交正常化」を行なった。それから半世紀、両国国民の利益になったものは何か、アジアの緊張緩和と世界平和は実現したのか、という当初の期待を検証する時期が遂にやってきた。

1　羨望と希望、中国人の二律背反の日本観

一九七三年の夏、私は新疆ウイグル自治区カシュガル市にあるエティガル・モスクの前で、大勢の市民と一緒に「資本主義国家」から来た観光客を「見物」することができた。周りのウイグル人が首にカメラをかけている男性を指さして Yaponlik と言ったため、その人が「日本人」であることを知った。農村人民公社の映画放映隊の一員として毎晩のようにウイグル人の村々を回り、『地雷戦』などの抗日映画を放映していた私にとって、人生で初めて見た本物の日本人であり、なぜ映画に出てくる「日本鬼子《クイッ》」の印象と大分違うの

か、と不思議に思った。しかし、当時の中国はまだ文化大革命（一九六六～一九七六年）の渦中で、私の日本人に対する印象は、基本的に映画の中の旧日本軍兵士から脱け出るものではなかった。毎日のように抗日戦争の映画を放映していたため、先に自ら洗脳されてしまっていた。

文化大革命の終了後、大学に入り、大学四年のとき、戦時中に中国東北部（旧満洲）から日本の大学に留学していた恩師王好問先生に出会った。一九五〇年代の末、「右派」とされて北京を長く追われた先生は、そのときようやく大学に戻ってきた。王先生の宿舎には、旧知の日本人たちがよく訪ねてきていた。それを機に日本人と直接接触するようになり、それまで神秘の国だった日本に対する興味を持ち始めた。

当然ながら、多くの中国人は、当時の私と同様に日本人と接するチャンスを持てなかった。しかし、日本や日本人に対して親近感を持っていたのはおそらく同じで、その背景にあったのは、当時、中国政府が改革開放路線を打ち出し、さまざまな日本製の家電製品が中国に輸入され、高倉健などが主演する日本映画が映画館で上映されたり、普及し始めたテレビで山口百恵などが出る連続テレビドラマが放送されたりしたことだった。それを通じて多くの中国人は日本人の勤勉さ、愛情深さと真面目な人間性を理解し、日本と日本人に親近感を持つようになり、「日中友好」を望むようになった。

そのような友好的雰囲気が社会的に醸成されていく中、中国共産党総書記の胡耀邦、中国政府首相の趙紫陽などの当時の指導者たちが交流に太鼓判を押したことで、日本の各県から友好の船が毎年のように中国を訪ね、日本の多くの都市が中国の都市と友好都市（姉妹都市）関係を結ぶようになった。さらに、一九八四年の秋には日本各界から三千人余りの青年が中国に招待された。ますます広がる大規模な交流活動を通じて、中国社会全体の日本に対する「友好的」感情が次第に強くなっていったことは間違いない。

しかし注目すべきは、そのような友好的な雰囲気が社会的に醸成された本当の理由は、日本人が身近な存在になり、日本に対する理解が深まったというような単純なものではなく、自由と繁栄に対する羨望と希望という中国の社会的心理にあった。文化大革命という苦難の時代を体験したばかりの中国人たちは、当時、かならず自国と比較する目で外国を見ていた。そのため中国人たちの間に、当時の中国のマスコミが比較的客観的に紹介していた西側諸国の自由と繁栄に対する羨望が生まれ、これからの中国は、たとえ紆余曲折があっても、そのような主権在民、法のもとの平等と基本的人権の保障などの普遍的価値を体現する民主主義国家になる、という希望が生まれた。

羨望と希望は、一見すると一体の両面にすぎないが、時には二者が二律背反的な関係にもなる。それは、羨望の対象の行動によって希望が幻滅に変わるからで、希望を失うことを恐れる人々は、そうなるとその羨望の対象を容赦なく攻撃する。このような二律背反の羨望と希望を同時に抱えるというのが、文化大革命時代以降の中国人が持っていた、日本を含む西側先進諸国に対する基本的感情構造であり、西側諸国に対する民族主義的衝動の源でもある。

周知のように、中国の対外的民族主義の矛先は、ほとんどアメリカと日本に向けられており、そのことは習近平政権下においてますます強められている。しかし奇妙なことに、文化大革命期以降の中国人の最も大きな移民先はアメリカを含む北米と日本であり、しかもその数は毎年上昇している。国連難民高等弁務官事務所（UNHCR）が二〇二二年六月十六日に発表した数字によると、二〇一九、二〇二〇、二〇二一年に中国を脱出し、他国で政治亡命を求めた中国人の数は、それぞれ一〇万四二四八人、一〇万八〇七一人、一一万八四七六人となっている。二〇二一年の一年間の他国で政治亡命を求めた中国人の数（一一万八四七六人）は、習近平政権が誕生する以前の胡錦濤政権の八年間の亡命者数をも上回った。さらに習近平政権が誕生した二〇一二年以降、他国で政治亡命を申請した中国人は、すでに七三万人を超えた[1]。

「用脚投票」（「足で投票する」、西側諸国に移住するという行動を通じて、投票権のない非民主主義的中国共産党政権の支配の正当性を否定すること）を選んだ人がますます増えているという事実からも分かるように、親米と反米、親日と反日の感情が混在する中国では、民族主義は一瞬の虚像にすぎず、その裏に隠されているのは中国人の自由・平等・人権への渇望であり、いざとなると自国の国益しか考えない日米への失望である。中国に民族主義の温床を与えないためには、中国人に民主主義への希望を失わせないことであり、何よりもそれを大事にすべきである。それには、いかなる場合においても、人類社会にとっての普遍的

（1） https://www.voachinese.com/a/continued-increase-in-chinese-asylum-seekers-despite-covid-20220618/6622964.html

価値を堅持する姿勢を示すことである。

当然ながら、西側先進諸国の中で、東アジアに位置し、漢字・仏教・儒教など多くの共通する文化的要素を持つ隣国日本は、中国人に羨望よりも、中国も近代化・民主化し自由繁栄の社会になり得るといういっそう大きな希望を与えていた。そのような中国の人々の「希望」こそ、戦争のわだかまりを乗り越える「日中友好」を支える本当の力であった。

しかし、このような中国人の日本に寄せた羨望と希望の二律背反的関係は、日本人にどの程度理解されていたのだろうか。残念ながら、日本がますます中国の民族主義の標的とされるようになってきたのを見ると、日本は対中関係において、中国民衆に普遍的価値を重視する姿勢を示せなかった、と言わざるを得ない。

2　対中経済支援は、なぜ「経済侵略」として捉えられたのか？

つい最近、中国の動画投稿サイト TikTok に、日本が「換国計画」を立て中国に接近している、という荒唐無稽な言説が登場した。それによれば、日本からのＯＤＡ（政府開発援助）と企業投資の目的は中国に対する「経済侵略」であり、日本が促進している中国との文化交流の目的は、日本文化を身に着けさせて中国の国民を日本人に改造するためであり、日本には中国を乗っ取る「換国計画」が存在しているという。厳しい言論統制が敷かれた中国では、政府の黙認または許可がなければ、このような卑劣極まりない言説が流通することは考えられない。

中国に対する日本の「経済侵略論」は、早くも一九八一年一月の「宝山製鉄所」の建設工事（二期）の中止などを含む、プラント契約を中国側が一方的に廃棄した事件にともなって登場した。事件の根本的原因は（インフレと財政赤字に苦しめられた）中国政府による契約違反であり、本来であれば、違約金を払わなければならなかったのだが、日本側は最終的に中国に対してさらなる資金調達をして建設を再開させた。ところが、日本政府が犠牲を払ったにもかかわらず、中国社会には、「宝山製鉄所建設は日本が自分の使わなくなった古いプラントを中国に輸出するために中国に勧めたプロジェクトであり、目的は中国人民を経済的に搾取することであり、経済侵略そのものだ。中国政府は日本の目的を見破ったため、外交的な勝利を得た」という噂が広まった。その噂からも分かるように、中国社会の対日民族主義は政府の支持で起こるのである。

事件の解決後、日本政府が払った努力を中国政府は国民にまったく説明せず、中国における日本の経済活動は「経済侵略」の性質を持つという印象がそのまま中国社会に定着してしまった。結局、国際的なルールを破った中国政府の蛮行に対する日本政府の譲歩は、逆に中国政府によって国民に自分の正しさを示す証拠とされ、「寛容さ」を中国国民に示せなかったどころか、逆に中国社会における日本のイメージダウンにつながった。

日本が中国にいくら経済的支援をしても、中国政府がそれを国民に伝えたくないのは明らかである。その最も良い例は、日本による対中ODAを今まで中国の国民に隠し続けたことである。一九七九年十二月の大平正芳首相による訪中後、日本は大規模な対中ODAを実施し始めた。二〇二二年三月に終了するまで、無償資金協力として中国に約一五七六億円を贈与し、低金利で、返済期間は長期、使用目的を限定しない(アンタイド)対中円借款は約三兆三一六五億円に上り、さらに技術協力プロジェクトを進めるための研修員の受け入れ、専門家の派遣、機材の供与などの技術支援には約一八五八億円を使った。二〇一〇年の中国民間の統計では、それまで中国に対して最も多額の援助をしたのは日本であり、国際社会から受けた経済支援の六六・九％は日本からのものである[2]。

しかし中国政府はこの事実を国民に一切説明しない。ある対中ＯＤＡ事業に携わった日本人は、対中ＯＤＡで建設されたものに対中ＯＤＡ事業の銘板を付けることにも、中国側は難色を示す、と証言した。国民に対して対中ＯＤＡの実績を隠すどころか、二〇一八年十月二十三日に中国外務省のスポークスマン華春瑩は、外国記者の質問に対して次のように述べた。「日本の『対中政府資金協力』（官方資金合作）は中国の改革開放と経済建設に対して積極的な役割を果たしたが、日本もそこから確実に実の利益を得ている」。つまり、日本の対中ＯＤＡは日本が自分の経済利益のために行なったものである、と強調した。

二〇一一年三月、中国の前年のＧＤＰが日本を超えて世界二位になったことをめぐり、筆者は「中国にとっても諸刃の剣」という『朝日新聞』への寄稿で、本当の大国は国際社会と謙虚に付き合い、国内の経済格差を解消しなければならない、と指摘した（二〇一一年三月十五日夕刊）。しかし、いまや国内の経済格差はむしろいっそう激しくなっている。

（2） https://zhuanlan.zhihu.com/p/164986888

かつて世界第二の経済大国だった日本は、中国の経済発展を本気で支援した。その姿勢に比べると、今日の世界二位の経済大国中国が世界に、日本に、いかに傲慢な態度を取っているか誰でも分かる。

残念ながら、日本側の行動はしばしば中国民衆に、信頼に欠ける、という印象を与えていた。象徴的な出来事は、民主化を求める市民や若い学生を虐殺した天安門事件に際して、日本政府が、国際社会が呼びかけた中国政府・中共政権に対する経済制裁への参加を躊躇し、その後、国際社会に先んじて最も早く制裁を解除したことである。当時の日本政府が掲げた大義名分は「中国を国際社会から孤立させてはいけない」というものだったが、民主化を渇望していたほとんどの中国人は、日本の姿勢は中国民衆による普遍的価値の追求を認め、応援するものではなく、中国の市場を先んじて奪うための、中国政府に媚を売るものにすぎないと考え、日本に失望した。それは、日本が東アジア地域における民主主義の希望の国から、実利を重んずる資本主義の国家へと失墜した瞬間だった。

3 対日外交の根本的な目標は、「党の利益」を護ること

一九八九年の天安門事件は、日本と決して無関係ではない二人の中共指導者の悲劇で終始した事件である。一九八七年一月に鄧小平らの保守派によって失脚させられた中国共産党総書記胡耀邦は、四月十五日に心臓発作で死去した。それをきっかけに共産党の独裁体制に対する中国民衆の不満が一気に爆発して、全国的な民主化運動に発展したのである。胡耀邦が失脚させられた原因の一つは、かつて日本から三千人の青年を迎え入れたこと、とされた。胡耀邦の後任として総書記になった趙紫陽は、首相だった時代に訪日し、平和友好・平等互恵・長期安定の日中関係三原則を提唱したのであるが、党の軍事委員会主席鄧小平は学生に対する鎮圧に反対した趙紫陽総書記を軟禁し、「人民解放軍」を出動させて、六月四日に天安門広場で民主化運動を鎮圧した。

西側諸国が、中共政権の理念は民主主義国家の「基本的価値観とは相容れない」と分かっていながら、実際上、天安門事件への対応で腐心したのは、中国の民衆の意志をいかに尊

重するか、という点にではなく、虐殺事件後の中国政府・中共政権との関係をいかに維持すべきか、という点についてであった。後に確認されたことだが、当時のジョージ・ブッシュ米大統領は早くも二十日に鄧小平のところに特使を派遣し、「中国の内政に干渉しない」態度を伝え、趙紫陽総書記を失脚させたクーデターに助け船を出した。

一方、日本はといえば、当時の宇野宗佑政権は当初、中国に対する経済制裁への参加も躊躇した。さらに、宇野を継いだ海部俊樹首相は、北京における戒厳令がまだ解除されていない十一月に「日中友好交流会議」の名目で来日した中国の官僚と（非公式に）会談を行なった。このような天安門事件をめぐる日本政府の一連の政策は、民主化を求める中国国民の気持ちを無視するものであった。「中国を孤立させてはいけない」という日本政府の口実は、事実上「軍隊を動員して自国民を殺害した中共政権を孤立させない」ことに過ぎず、民主化を切望する中国国民を切り捨てるものだった。日本のこの正義を顧慮しない外交は、中国の民衆には忘れられないものであり、最終的に日本自体がその報いを受けることになった。

今日の日中関係、米中関係は、普遍的価値とリンクしない外交の結実と言っても過言ではない。しかし、とくに日本に比べると、中国政府は外交と国際政治を巧みに使い分けていることが分かる。外交は主権国家間の公的関係を調整するものであり、国際政治はより長い目で見たとき国益のために求められる戦略的な行動で、前者は手段、後者は目的とも言える。鄧小平は、資本主義国とは、その支援で経済発展を為し遂げた上で初めて対抗できると考え、対外開放の「韜光養晦」（隠れて時期を待つ）戦略を取り、「友好外交」と民族主義の二手で日本の民意と外交をもてあそんだ。一方で、日本の対中外交、対中政策を主導したのは、むしろ「理念と正義の観念、あるいはイデオロギーを外交の場に持ち込まない」という古典外交の思想だ、と感じる。日本をはじめとする国際社会の支援で、中国は経済発展を為し遂げた。しかし、経済力を身につけると今度は韜晦も卒業し、今は日本のEEZにミサイルを発射し、国交樹立当時の「武力による威嚇に訴えない」という約束も反故にした。

一九七二年の日中共同声明は「日中両国間には社会制度の相違があるにもかかわらず、両国は、平和友好関係を樹立すべきであり、また、樹立することが可能である」と唱えたが、これまでの日本の対中外交を見れば、日中間の「社会制度の相違」は決して簡単に乗り越えられるものではないことが分かる。日本の対中外交には最初から、中国の「党国体制」という政治体制の本質に対する深刻な認識不足があったに違いない。「党国体制」とは、国家より独裁を行なう党が上位にある、という政治体制である。「党国体制」では、国益はまず党の利益にならなければならない。あらゆる政策は、国民のためではなく、まず党による専制的統治に有利かどうかという基準で取捨選択されることになっている。習近平時代に入ってから、その取捨選択の基準はさらに狭まり、独裁者の専制統治に有利かどうかという方向に向かっている。

4　中国に拉致問題の解決を頼むことは「与虎謀皮」にすぎない

この党国体制の本質が理解できなければ、対中外交の限界も当然分からない。たとえば、日本には今なお、中国政府を通じて朝鮮半島の非核化を実現し拉致被害者問題を解決すべき、と主張する人がいる。しかし、長年の経験からも分かっているはずだが、中国政府に朝鮮半島問題解決の希望を託すことは、中国政府に日本及び世界をゆする手段を手渡すだ

け で 終わる。とくに習近平時代に入ってから、中国と接する北朝鮮における独裁政権は、同じ一党独裁・個人専制の道を歩む中国共産党と習近平にとって、むしろ絶対に維持しなければならない存在となった。中国政府に北朝鮮の非核化と拉致被害者の解放を頼むことは、まさに中国語で言う「与虎謀皮」(トラに向かってその皮をよこせと頼むこと)に等しい。できもしないことをなお信じ込んでいるようでは、党国体制下の中国の本質をまったく理解していない、と言わざるを得ない。

ロシアによるウクライナ侵攻に対する中国政府の態度も、この線で理解することができる。二〇二二年九月十五日、ロシアを訪問していた、習近平の最も信頼する側近の一人、全国人民代表大会常務委員会委員長・栗戦書は、ロシア側との会談で、中国政府はロシアのウクライナ侵攻を完全に理解し、それにずっと「策応」している、と表明した。中国語の「策応」とは、同じ立場で一緒に軍事行動を取る、という意味である。中国側の報道ではこの部分は取り上げられなかったが、ロシア側はすぐ当時の映像を流した。中国側が報じなかったからといって、当時、中国共産党の党内序列で三位であった栗戦書の口から出た「策応」という表現が、個人の意見であるとは到底考えられない。この発言から、正義にかなうかどうかではなく、独裁者を無節操に擁護しているかどうかこそが、中国共産党にとって支持すべきかどうかを判断する唯一の基準になっていることが分かる。

党国体制の本質を理解すれば、中国政府がなぜ中国国民に中国の経済発展のために日本が行なった対中ＯＤＡの実績を隠し続けたのか、という理由も容易に分かる。それは、日本が経済支援で中国に多大な貢献をしたという事実が中国国民に知られれば、中国の経済発展は完全に共産党の指導によるものという支配を正当化する主張が、国民に疑われるようになるからである。そして、「経済侵略」というイメージ操作による日本をターゲットにする民族主義的扇動も、難しくなるからである。

日本の対中外交において、なぜ中国の党国体制を問題視しなければならないのか。それは、党国体制の本質を理解すれば、中国政府の外交問題における狙いと出方が初めて正しく判断できるからであり、さらに重要なのは、いかなる長期的な対中外交路線や現実の外交政策が、中国人民に本当の利益をもたらすのかについての理解を深めることができるからである。

5　党国体制における「人民」と「放出された民族主義」

人民とは、常識的に言えば支配者と対抗関係にある民衆である。しかし党国体制の中華「人民共和国」では、「人民」は支配者階層と支配のシステムそのものである。たとえば、「人民政府」「人民解放軍」「人民警察」「人民法院」『人民日報』（共産党機関誌）など、「人民」と名のつく資源は、すべて党によって独占されている。「人民外交学会」も共産党が指導する国の機関である。したがって日本の対中外交は、中国政府がいつでも好き勝手に持ち出せる「人民説」に惑わされてはいけない。事実上マスメディアさえ存在しない「人民中国」においては、「人民」が政策の作成に参加できないどころか、その声すら厳しく統制されている。自分の意志を自由に示すような「人民」は許されない存在である。その代わり、「党国」は意のままに「人民」の名前を使う。したがって、中国政府が持ち出す「人民」の名義で表現されたものは、「党」の意志にすぎない。

中国に人民の声が存在しない事実は枚挙にいとまがないが、ここで、今年（二〇二一年）

の九月二日の、中国の唯一の通信社である、国営の新華社通信（正式名称は新華通訊社）の「共産党書記・社長」[3]傅華による寄稿を例にあげよう。党中央宣伝部の「中央インターネット管理弁公室」（網信弁）の雑誌『中国網信』への寄稿で、新華社通信の仕事内容を紹介しているものだ。

いわく、「党の喉舌」である新華社通信は、「党の行列から一分間も離れず、習近平総書記の示した方向から一分間も離れず、習近平総書記と党中央の視野から一分間も離れない」。新華社通信の最も重要な仕事は、習近平共産党総書記を「大国の領袖」、「世界レベルの領袖」とするイメージ作りである。そのために、新華社通信は最も有能な記者と編集者を集めて、習近平という党の「核心」に関係する報道にだけ責任を持つ「第一工作室」を作った。その仕事は「学習（習近平思想を学ぶという意味）時評」と「第一観察（最高指導者が関心を持っていること）」というコラムを通じて、時々刻々「（習近平という）人民の領袖が人民を愛する物語」、「人民が人民の領袖を愛する物語」を報道することである、と。

中国政府は外交の武器として、「人民外交」と「傷害中国人民感情」を上手に使い分けている。相手国に接近する際には「両国人民の友好」を唱え、相手国に不満を感じる際には「中国人民の感情を傷つけた」と激しく非難する。しかし、この新華社通信社長の説明からも分かるように、「人民」も「人民領袖」もみな中国共産党自身である。「中国人民の感情を傷つけた」というのは、実は「党」と「領袖」を傷つけた、ということである。外交の場に「人民」の名義を持ち出すのは、中国共産党が自分の考え方と活動を正当化したいからに他ならない。

厳密に言えば、中国共産党のプロパガンダ以外のメディアが存在しない中国において、本当の「人民外交」はあり得ないし、外国によって容易に傷つけられると言われるような「中国人民の感情」というものも存在しない。中国社会に起こった度重なる反日民族主義の動きは、実は中国共産党またはその党内の一部の勢力によって「放出された民族主義」

(3) 党の意志を貫くために、中国の官僚階級序列では行政責任者より党の責任者が上である。たとえば北京市の最高責任者は市長殷勇ではなく、党書記の尹力である。政府省庁の幹部序列も同じで、交通運輸部の最高責任者は部長李小鵬ではなく、党書記の楊傳堂である。同じ人物が党と行政の責任者を兼任する際の肩書きの正しい書き方は、党書記・行政の長という順序である。

にすぎない。たとえば、一九八二年の「歴史教科書問題」と一九八五年の「靖国神社参拝問題」をめぐり、当時中国の一部の都市において青年学生による反日デモが発生した。しかし、これについて忘れてはいけないのは、日本で起こった事件の経緯とそれが持つ民族主義的「意義」は、みな新華社通信と『人民日報』によって中国国内に伝えられたもので、上からの許可をもらわなければ報道も掲載もできないことからして、この反日民族主義的動きは人為的に喚起され、「放出された民族主義」だった、ということだ。

当時の中共総書記胡耀邦らが冷静に対応したため、事件は最終的に穏やかに収まったが、この「放出された民族主義」は、実は当時の中共内部の政治闘争とも絡んでいた。一九八九年の天安門事件以降、多くの国民は中共による一党独裁体制の正当性を強く疑った。国民を再結束するために、江沢民政権は愛国主義の名の民族主義教育に大きな力を入れ始めた。それ以後、いっそう民族主義は中国政府にとって専制政権を維持するためには捨てられない道具となった。中国政府はかならず国際政治を国内政治にリンクさせ、矛先を外部に向けた民族主義を放出し続けた。その本当の狙いは、国内における民衆の不満を逸らすことにあった。社会の不安定期においては、そのような傾向はいっそう強い。

ハンナ・アーレントが『全体主義の起原』で分析したように、社会の変動期に居場所が見つからない人々（モッブ）は、ヒトラーのような独裁的指導者を好み、主導的地位にある階級の価値観とアイデンティティ（実はまったく理解していないが）を取り入れ、そして民族主義に非常に熱心である。その理由は、これらの行動を通じてモッブたちが、初めて自分の存在価値を社会にアピールすることができるからであった。北朝鮮式の拍手文化が半ば強制されている中国でも、現在反日民族主義を含むさまざまな民族主義が、社会の底辺にいる人々と若者の間でますます広がっている。しかし事実上、こうした民族主義は、アイデンティティというより、むしろ「周縁の人々」が自分の存在価値を社会にアピールし、中共独裁政権に二心を抱いていないことを表明する道具となっている。彼らへのご褒美のように、中国政府はややもすれば「中国人民の感情を傷つけた」という言説を持ち出し、外国勢力による侵略に対する「警鐘長鳴」（警鐘を長く鳴らし続けるべきこと）を強要する。民族主義を自らのために必要としているという意味で、中国政府・中共政権と「周縁の人々」とは実は共犯関係にある。

結び　人間は結局、「満足した豚」より「不満足なソクラテス」を選ぶ

五十年前に、毛沢東と田中角栄という意志が非常に強い二人の政治リーダーのもとで日中外交関係が樹立されたのは、今、振り返れば、決して偶然のことではなかったとも感じる。本当に国家のためになったのか、深く考えるべきものがある。先行研究が大量にあるため、ここで田中角栄の個人的性格と政治感覚の関係について発言するのは控えるが、一点指摘すべきことは、毛沢東が田中角栄に対して「侵略戦争感謝論」を持ち出し、日本の侵略がなければ中共も成長できなかった、と述べた時点から、日本の対中外交はすでに対中共外交へと変質した、ということである。ただし、その時点では日本人の誰も、中国の「党国体制」をこのような形で認めることの危険性を真剣には考えていなかった。今は逆転して、中国に好感を持たない人が八〇％以上に達しているが、「日中友好」の雰囲気に包まれていた当時は、八〇％以上の日本人が中国に好感を持っていた。

しかし、五十年の歴史で明らかにされたのは、「善隣友好」は中国の現政治体制＝党国

体制のもとでは不可能だということである。おそらく当初謳った「善隣友好」の物差しで日中関係を測れば、ほとんどの日本人は敗北感を抱くだろう。九月二十一日に発表された「言論NGO」の世論調査によれば、今年が「日中国交正常化五十周年」であることを知らない人は七割（六七・一％）にも達し、現在の日中関係について満足する人はわずか六・一％にすぎなかった。五十年前と最も異なるのは、今は善隣友好を望む人がいなくなったことだ。必要なときだけ「日中友好」を叫び、思い通りにならないと「歴史」を持ち出して「中国人民の感情を傷つけた」と官民一体で日本を手厳しく非難する。こうして中国政府の思いのままに翻弄され、「日中友好」が日々形骸化してきたため、日本国民は次第に善隣友好を諦めるようになったのだ。

米国の対中外交に携わってきたM・ピルズベリー博士は、著書『China 2049——秘密裏に遂行される「世界覇権100年戦略」』（野中香方子訳、日経BP社、二〇一五年）の中で、中国共産党の本質を見誤ったことを率直に認め、米国の対中外交の失敗を深く反省している。アメリカでは与野党を問わず、官民を問わず、政学界を問わず、対中外交の失敗原因を、党国体制の中国政府・中共政権の本質に対する認識の誤りとし、それを徹底的に検証している。「国交正常化五十周年」の節目に、日本の対中外交も教訓を生かし、国際情勢の変化に応じて対中外交理念のリセットを行なうべきである。

国民を常に騙す必要がある中国政府と違い、二枚舌を持つことができない日本政府は、日中関係について「問題があるが、大きく前進した」などと取り繕う必要はない。読売新聞社が行なったこの九月初めの世論調査によれば、「中国は日本の安全保障上の脅威だと思うか」という設問に対し、「思う」と答えた人は八一％、「思わない」と答えた人はわずか一五％だった。注目すべきは、「北朝鮮は日本の安全保障上の脅威だと思うか」という設問に対し、思うと答えた人は七二％、思わないと答えた人は二四％だったということである。中国はすでに北朝鮮以上に日本の安全保障上の脅威に変わった、という日本国民のはっきりした意識変化が見てとれる。その変化に対して、日本政府は「建設的」、「前向きに」、「大局的な視点」というような曖昧な表現を避けて、日中関係にある問題点（とくに日本の失敗）を点検し、一党独裁の政治体制下にある中国との間に、何ができて、何ができないのか、そのような相違とどのように向き合うべきか、日本の望む日中関係とはいかなるものかをはっきりとすべきであろう。

これまでの日中間の外交衝突は、だいたい日本側が「大局的な視点」で「前向きに」、「建設的」に譲歩して解決された。しかし、このような原則なしの譲歩によってもたらされたのは、日本に対する中国社会の軽視であり、また中国政府からのさらなる要求と圧力である。党国体制を維持するために、人民の名義を使いたい中国政府にとって、民族主義を煽る材料は常に必要である。しかし、ここで強調したいのは、そのような日本政府による原則なしの譲歩は、自由・民主・平等・法治・人権がある祖国を、首を長くして待ち続けている中国人民にとっては、むしろ普遍的価値への裏切りであって、受け入れがたい、ということである。

「満足した豚であるより、不満足な人間であるほうがよい。満足した愚者であるより、不満足なソクラテスであるほうがよい」。一九世紀のイングランドの政治哲学者J・S・ミルのこの名言に、ますます多くの中国人は感銘を覚えている。その理由は、独裁政権のもとでは、経済の発展は社会の経済格差をもたらすばかりであるからである。そして、自由・民主・平等・法治・人権が保障されなければ、いくら豊かな生活を手に入れても、瞬時に奪われる可能性が常にあるからである。中国においては真相を明らかにする世論調査は当然できないが、前に触れた政治亡命者数の大規模な増加からも分かるように、自由・民主・平等・法治・人権などの普遍的価値を受容した中国人が、ここ数年大幅に増加しているのは紛れもない事実である。中国の民主化はいずれかならず実現する、とますます多くの中国人が考えるようになったのだ。そのため、「制裁解除」「相互理解」「相互依存」は、結局、中国政府・中共政権を助けて中国人民を飼育する豚小屋を作っているのに等しい、と多くの中国人は見ている。ますます多くの中国人は「満足した豚」であることに満足しなくなっている事実を念頭に、日本政府も歴史の審判に耐え得るような対中外交を展開する必要があると思う。

ここまでは彷徨《さまよ》いの五十年だった。次の五十年に日中両国の間に平等と平和の関係を築くことができるかどうかは、これまでの五十年間の苦い経験を、両国の人民が本当に我が身のものにできるかどうかにかかっている、と強く感じる。

追記　本書の執筆が終わった時、「白紙革命」が起こった。中共政権に抗議する人々が叫んでいる言葉の一つに、「自由がなければ、死んだほうがまし」（「不自由、毋寧死」）がある。

結び

「われわれは、国際道徳の特殊性を強調する見解が、多くの場合、政治権力の保持者としての国家の自己主張を重くみる立場に立っていることを知る必要がある」「国際道徳について語ることは、必ずしも国家構造の同質性を前提するものではなく、すべての国家に共通に認められる普遍的な現象となっている」[1]（傍点は原文）。これは今からちょうど七十

（1） 田畑茂二郎「国際道徳」（『新倫理講座第五巻：世界と国家』創文社編集部編、創文社、一九五二年、一四六頁、一四四頁）。田畑茂二郎（一九一一～二〇一一）は京都大学法学部卒で、京都大学法学部教授、日本学士院会員。

年前の、第二次世界大戦が終結してからまだ七年しか経過していない一九五二年、国際法学者の田畑茂二郎が戦争の教訓を踏まえ、国家間関係における「国際道徳」の必要性を指摘した言葉だった。しかし、いわゆる「日中国交正常化[2]」以来、両国の間で田畑が言うところの「国際道徳」が本当に語られてきたのであろうか。またそのような五十年間の歴史は今の両国関係にいかなる影響を与えたのか。

我々にとって、日中両国が外交関係を「正常化」してからの五十年は、まさに希望から失望への五十年だった。その原因はどこにあるのかを考えることが、本書の趣旨である。それに当たって、田畑茂二郎の「国際道徳」の思想は我々に重要な啓示を与えた。

本年九月二十九日に経団連が主催した「日中国交正常化五十周年記念慶典」では、ある不思議な現象が起こった。「慶典」に「賛同と支援」をする「日中両国の代表的な企業五十社」の中で、三つの日本の会社が名前を隠して「匿名会社」とし、「代表的な企業五十社」のリストに社名を掲載することを拒否した。お金は出すが、たとえ主催者側とその背後にある中国を怒らせても、社名掲載による会社のイメージダウンは避けなければならない、と考えたのではないか。まさに、日中両国間に橋を渡せば実利が追及できた時代が過ぎ去った象徴であろう。では、それらの企業は何を危惧しているのか。

それは当然、中国・日中関係に対する日本社会の意識変化である。NHKの本年九月の世論調査によれば、日中関係を強化すべきと考える日本人はわずか一一%であり、慎重にすべきであると考える人は五五%もいた。『読売新聞』による世論調査（二〇八頁参照）を併せて考えれば、日本社会の中国政府・中共政権に対する感情は相変わらず非常に厳しい。当初八〇%以上あった中国に対する好感が、なぜ逆転して八〇%以上の反感になったのか。日本社会の対中感情が極点まで悪化したのは、普遍的価値を固く拒否する一党独裁の中国政府の自業自得と言える。中国が経済大国になればなるほど反感が強くなるのは、決して日本にだけ起こった現象ではない。そうであれば、その原因は中国政府・中共政権の

（2）「日中国交正常化」という表現には検討の余地があるが、本書では日本社会の慣例に従い、この表現を使用する。「正常化」には、かつての日本政府と中華民国政府との外交関係は不法であった、というニュアンスがあり、不正常から正常に回復したという意味で中国政府は「国交回復」とも言うが、かつて政権を担うものとしては存在していなかった中国共産党による「回復」は、論理的に成り立たない。

特質にある、と思わざるを得ない。

ウイグル人に対するジェノサイド、香港における一国二制度の破壊、東シナ海と南シナ海における領土的野心、台湾に対する軍事侵略の威嚇、さらにロシアのウクライナ侵攻への「策応」（支援または共同作戦の一翼を担うという意味。当時、中国共産党のナンバースリーだった栗戦書がロシア側に話した言葉）……度重なる道徳と正義のモラルの限界を突破した行為に対し、世界の人々が強い嫌悪感を覚えたのは当然のことであろう。

しかし、ここで日本の人々に伝えたいのは、良識のある中国人は、世界の人々と同様に自由・民主・平等・法治・人権を普遍的価値として信奉している、ということである。そのため、我々は、独裁体制が勝手に「人民」の名義を使って打ち出す対日外交政策を、一般の中国人民の心情と読み間違えないよう切実に願っている。このような当局の厳しい管制下で声を出せずにいる「沈黙の大多数」の中国人民は、日本の対中外交が普遍的価値に基づいて展開するかどうかということこそ、友好の試金石である、と考えている。

普遍的価値に基づかない「建設的」、「前向き」、「大局的な視点」という名の日本の対中宥和政策は、日本の国益にならないだけでなく、「沈黙の大多数」である中国の人々にも決して歓迎されない。むしろ、度重なる対中宥和は、天安門事件後率先して虐殺者と握手するような「外交」がいずれまた再現されるのではないか、という猜疑心を強めるばかりである。そのような中国人民を失望させるような「対中外交」を決して繰り返さないことを決心して初めて、日本は中国の人々に心から、かつてのように自由と繁栄の希望を与える国として尊敬される。

言うまでもなく、中国政府・中共政権と中国人民を区別する対中外交は、たやすいものではない。そのことについては、かつて日中関係に大きな希望を抱いた、日中両国で学術活動を行なう我々にも大きな責任がある。つまり、我々は、中国政府・中共政権による外交は結局は政治体制維持の道具にすぎない、ということをまったく意識していなかった。しかしここに来て分かったのは、政権と人民を区別する対中外交ができるかどうかは、両国間において長期的な平和と安定を築くことができるかどうかに関係する問題だと覚悟すべきだ、ということである。そのような覚悟がなければ、「人民」という看板を掲げながら人民の権益を無視する中国の統治者に騙される。いいや、すでに多くのところで騙されている。実は日本社会にも、中国政権と中国人民を区別しない傾向がある。たとえば、中国に対して多くの人が良くない印象を持っているが、いったいどのくらいの日本人が中国政権と中国人民を区別した上でこの問題を考えているのだろうか。中国社会の反日的民族主義に対してみんな反感を持っているが、いったいどのくらいの日本人がその背後にある統治者の唆《そその》かしに気づいているだろうか。中国政府・中共政権にとって、歴史問題はまさに民族主義のATMであり、国内社会において取り締まりが必要と感じられれば、いつでもボタン一つで放出される。このことについては、すでに多くの中国人が気づいている。

日本で中国現体制の抱えている問題点について話をすると、かならずと言えるほど、次のような言い方で反論してくる人に出会う。つまり、同じような問題が日本においても起きている、あるいは、むしろ日本のほうがいっそう深刻である、と。当局によって隠されているだけで、だから日本のほうこそいっそう怖い、とも言う。日本の問題について議論する場ではないのに、このような話を持ってくるのは、中国政府・中共政権に対する批判への反論をしたいからとしか思えない。主権在民を宣言する国と一党独裁の国、民主主義を主張する国と民主主義を口にすれば逮捕される国、国民に不可侵の人権を宣言する国と人権を主張すると逮捕される国、思想と言論の自由を認める国とそれを絶対に認めない国、憲政を貫く国と憲政を主張すれば逮捕される国、三権分立を認める国と三権分立を公然と否定する国、法に基づく支配を認める国と法治を否定する国……と、本質的に異なる両国の政治体制を並べてみせても、なぜ中国より日本のほうがむしろ怖い、と言えるのか、私にはその論理が到底理解できない。少なくとも、日本において自国民のウイグル人に対するジェノサイドのようなことが起こっていないのは、明白なことではなかろうか。

友人たちの間でよく交わされる冗談話だ。自分の国より中国の現体制のほうが良い、と主張する人がいれば、その人に家族を連れて中国へ移住することを勧めたほうがよい。ロシアへ逃げたエドワード・スノーデンに、ロシアがウクライナに侵攻している最中「ロシア国民」の身分が与えられたように、中国へ移住すれば、中国政府・中共政権によって大歓迎されるに違いない。中国現体制は西側諸国より良い、と身をもって証明したことになるからだ。いいや、中国にはスノーデンのような前例はないので、スノーデンより以上に「老朋友」にされるに違いない。それでも移住しないなら、その主張はやはり舌先三寸の弁にすぎず、説得力を持たない、と。

冗談であるが、納得できる話だ。

中国人である私たちは、今の政治体制下の祖国に絶対に住みたくない。

結局のところ、今の中国政権の本質をどう見るかは、中国に対する理解、日中関係に対する理解にとって根本的な問題なのである。我々一般の中国人と反対に、一部の日本人が独裁体制にとって好都合な態度をとるのは、言葉を換えれば、我々中国人の民主主義・自由・平等・法治・人権への憧れさえ認めない独裁体制に理解を示すのは、何とも言えないような奇妙な風景である。

日本が罹《かか》っている疾患が風邪だとしたら、中国のそれは癌である。風邪がいくら怖くても、癌とは本質的に違うものである（本書の著者の一人の談話から）。中国と同じような問題が日本においても起きている、あるいは日本のほうがむしろいっそう深刻である、というような話は、まさに癌より風邪のほうが怖いという論理で、中国の社会について深い体験を持っている我々中国人には到底受け入れられない話である。況《いわん》や中国現体制の罹った癌がすでに末期癌であるにおいてをや。

ちなみに、二〇二二年九月二十九日、「日中国交正常化五十周年」の日に、日本側は「日中国交正常化五十周年記念」の切手を発行したが、これまで日中関係の節目の年に記念切手を発行してきた中国側は、記念切手の発行を見送った。

＊　　＊

国際政治と経済の秩序、東アジア地域における安全保障など、さまざまなことを考える上で、日中関係は今まさに正念場にさしかかっている。中国政府・中共政権は、欧米と日本の助けで力をつけたため、ますます横柄《おうへい》になってきているが、そうした党国側ではない中国の人々が、今の日中関係をどう見ているのか、そしてどこへ向かうべきであると考えているのか、ということも日本国民に紹介すべきである、という藤原書店の藤原良雄社長の意見を参考に、世界各地の中国人の友人たちと共に本書を編集した。拙い日本語であったため、優秀な編集者山﨑優子さんと藤原洋亮さんが全文を丁寧に直してくださった。たいへんな苦労をおかけしたと思う。このような整った日本語で世に問うことができたのは、藤原良雄社長、とくに前述の両編集者による献身的な支援のおかげであり、重ねて厚くお礼を申し上げる。

二〇二二年十月四日

王　柯

日中外交関係略年表（一九七〇～二〇二二年）

西暦	出来事
一九七〇	12・9 日中国交回復促進議員連盟（藤山愛一郎会長）発足。 12・13 日中国交正常化国民協議会発足。
一九七一	2・26 日中国交回復国民会議結成。 7・15 中米両国政府、ニクソン大統領が一九七二年五月までに訪中することを公告。 10・25 国連総会での2758号決議案可決に伴い、中華民国、安保理常任理事国の座を失い国連脱退。
一九七二	2・21 ニクソン大統領訪中。 6・7 佐藤栄作首相、引退を表明、7・7 田中角栄内閣成立。 7・9 周恩来首相、「田中政権の中日国交正常化に力を入れるという声明を歓迎」と表明。 7・27、29 周恩来首相、竹入義勝公明党委員長と会見。 8・19 キッシンジャー米大統領補佐官、東京で田中首相・大平正芳外相と会談。 9・25 田中首相一行訪中、9・27 毛沢東中国共産党主席と会見。 9・29 日中共同声明調印、外交関係樹立。

	11・4	東京で国交樹立記念のパンダ贈呈式挙行。
	11・9	衆議院、日中共同声明に関する決議案を全会一致で採択。
一九七三	6・19	神戸・天津、友好都市を宣言（日中両国間の最初の友好都市）。
一九七四	10・15	藤山愛一郎など二〇人、日中平和友好条約締結促進の「国民へのよびかけ」発表。
	11・13	東京で平和友好条約第一回予備交渉開催、中国側、「反覇権条項」要求。
	12・9	田中首相辞任、三木武夫新首相、「条約締結を促進」言明。
一九七五	2・14	平和友好条約第三回予備交渉、日本側、「反覇権条項」反対、交渉難航。
一九七八	7・21	平和友好条約交渉再開。
	8・12	「日中平和友好条約」、北京で調印。
	10・22	鄧小平副首相訪日。
一九七九	12・5	大平正芳首相訪中、対中ODA（政府開発援助）開始。
一九八〇	5・27	華国鋒首相（中共党主席）訪日。
一九八一	1	中国側、宝山製鉄所二期工事中止、日本とのプラント輸入契約を一方的に廃棄。
一九八二	5・31	趙紫陽首相訪日。
	7月	日中戦争についての表現をめぐって「教科書問題」発生。
一九八三	11・23	中共党総書記胡耀邦訪日。

年	出来事
一九八五	8・15　中曽根康弘首相、靖国神社に公式参拝、中国側は批判、「靖国問題」発生。 9・18　北京大学生による反日デモ発生（国交樹立後初めての反日デモ）、背景に中国共産党による抗日戦争勝利四〇周年教育キャンペーンがあった。 10月　「胡耀邦プラン」により三〇〇〇人の日本人青年が中国政府の招聘で訪中。
一九八九	4月　失脚した胡耀邦総書記死去、北京から全国規模の民主化運動発生。 6・4　中国人民解放軍、民主化運動を鎮圧、「天安門事件」発生。 6・7　宇野宗佑首相、西側諸国が中国に課す経済制裁を考えていないと発言、内外から批判される。 7・16　第一五回先進国首脳会議の宣言で、日本の意見を「中国の孤立化を避ける」と記述。
一九九〇	7・9　第一六回先進国首脳会議で海部俊樹首相、日本は中国への経済制裁を解除すると通告。 11・2　対中第三次円借款の凍結解除を正式決定。
一九九二	10・23　「国交正常化」二〇周年記念の一環として明仁天皇、皇后両陛下訪中。
一九九四	8・23　中国共産党中央委員会、民族主義教育のための「愛国主義教育実施綱要」発表。
一九九五	5・2　村山富市首相、現職首相として初めて盧溝橋と中国人民抗日戦争記念館を訪問。 8・15　村山首相、「戦後五〇周年の終戦記念日に当たって」（村山談話）を発表。

一九九八	11・25	日中平和友好条約二〇周年記念として国家主席江沢民訪日、「友好協力パートナーシップの構築に関する日中共同宣言」発表。江沢民、歴史認識に再三言及。
二〇〇一	8・13	小泉純一郎首相、靖国神社参拝、日中関係は険悪に。
	10・8	小泉首相、盧溝橋と中国人民抗日戦争記念館を訪問。
二〇〇三	9・16	広東省珠海市で日本人旅行客が集団買春。
二〇〇四	3・24	中国人七人、尖閣諸島に上陸、出入国管理法容疑で逮捕される。
	5・6	上海総領事館員自殺事件起こる（中国当局の脅迫が背景にあるとの指摘がある）。
	7・7	東シナ海における資源調査とガス田開発問題で日中対立。
二〇〇五	3〜4月	広州・成都・北京・上海で相次ぎ反日デモ発生、一部が暴徒化。
二〇〇六	10・8	安倍晋三首相最初の外遊先として中国訪問、戦略的互恵関係を謳う。
二〇〇八	2月	中国製冷凍餃子中毒事件起こる。
	5・8	胡錦濤国家主席訪日、「戦略的互恵関係」を推進する共同声明発表。
二〇一〇	9・7	尖閣諸島海域で中国漁船衝突事件発生、一部の中国都市で反日デモ発生。
二〇一一	1月	中国の二〇一〇年度国内総生産（GDP）が日本を抜き世界第二位となることが判明。
二〇一二	9・11	野田佳彦内閣、尖閣諸島を国有化、国交樹立後最大規模の反日デモが中国各地に発生、企業への襲撃、スーパーの略奪など暴徒化し、多くの日系企業が被害を受ける。

年	出来事
二〇一九	10・9 安倍首相、習近平国家主席が国賓として訪日すると発言、尖閣諸島問題、香港問題、中国国内の人権問題、ウイグル人抑圧問題で各界から強い反対の声が上がる。 12月 武漢市で新型コロナウイルスの感染者出現。
二〇二一	12・1 安倍元首相、台湾のシンポジウムでオンライン講演し、「台湾有事は日本有事」と発言。
二〇二二	2・1 衆議院「新疆ウイグルなどにおける深刻な人権状況に対する決議案」可決。 3・31 四〇年以上にわたる日本の対中国ＯＤＡの事業がすべて終了、支援総額は有償資金協力（円借款）約三兆三一六五億円、無償資金協力約一五七六億円、技術協力約一八五八億円、しかしこれを知っている中国人はほとんどいない。 8・4 ペロシ米下院議長の台湾訪問を受け、中国軍は台湾を取り囲む大規模な軍事演習を実施し、弾道ミサイル九発を発射、うち五発は日本のＥＥＺ＝排他的経済水域に落下。

（作成者・王柯）

「友好《ゆうこう》」のエレジー——中国人《ちゅうごくじん》がみる「日中国交正常化《にっちゅうこっこうせいじょうか》五《ご》十年《じゅうねん》」

2022年 12 月31日　初版第 1 刷発行

編　者　王　　柯

発行者　藤原良雄

発行所　株式会社　藤原書店

〒 162-0041　東京都新宿区早稲田鶴巻町 523
電　話　03（5272）0301
ＦＡＸ　03（5272）0450
振　替　00160 - 4 - 17013
infofujiwara-shoten.co.jp

印刷・製本　中央精版印刷

Printed in Japan
ISBN978-4-86578-371-1

中国よ、どこへ行く？

現代中国のリベラリズム思潮
（一九二〇年代から二〇一五年まで）

石井知章編　跋＝子安宣邦

日本では一部しか紹介されてこなかった現代中国のリベラリズムの多面的な全体像を、第一線で活躍する日中の気鋭の研究者一五人により初めて捉えた画期的な論集！

（著者）**徐友漁／栄剣／張博樹／劉擎／許紀霖／秦暉／張千帆／周保松／及川淳子／梶谷懐／王前／水羽信男／緒形康／福本勝清**（訳者）**本田親史／中村達雄／李妍淑／藤井嘉章／劉春暉／徐行**

A5上製　五七六頁　**五五〇〇円**
（二〇一五年一〇月刊）
◇978-4-86578-045-1

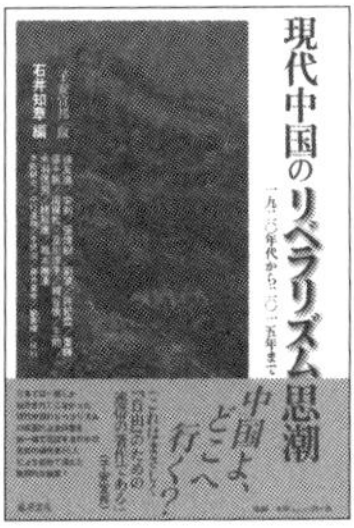

"近すぎる隣国"日本からは見えない中国の実像

中国の何が問題か？
（ハーバードの眼でみると）

J・ルドルフ＋M・ソーニ編
朝倉和子訳

ハーバード大学の一流研究者らが、政治、国際関係、経済、環境、社会、歴史と文化という多様な視角から、「世界の中の中国」を見据える。最先端の中国研究からの三六の問いかけ。**米大統領選を受けた緊急寄稿収録。**

A5判　三三六頁　**三〇〇〇円**
（二〇二一年二月刊）
◇978-4-86578-296-7

THE CHINA QUESTIONS
edited by Jennifer RUDOLPH and Michael SZONYI

"革命"は、中国から世界に広がった

中国が世界を動かした「1968」

楊海英編
梅﨑透・金野純・西田慎・馬場公彦・楊海英・劉燕子

ベトナム反戦運動、フランス五月革命、プラハの春、日本の学生運動、そして中国の文化大革命……文革の実情は世界に知られていなかったが、「文革」は世界の1968年に影響を与えた。半世紀を経た今、"世界史における1968年"と文革を考察。

四六上製　三二八頁　**三〇〇〇円**
（二〇一九年四月刊）
◇978-4-86578-218-9

中国史上最高のリベラリストの決定版評伝

胡適 *1891-1962*
（中国革命の中のリベラリズム）

J・B・グリーダー
佐藤公彦訳

米国でデューイにプラグマティズムを学び、帰国後は陳独秀、魯迅らと文学革命を推進。中華人民共和国の成立で米国に亡命。一九五〇年代前半、中国では大規模な批判運動が起こったが、今なお中国のリベラリストたちに根強い影響を与える思想家の初の本格的評伝。

口絵四頁
A5上製　五八四頁　**八〇〇〇円**
（二〇一七年一二月刊）
◇978-4-86578-156-4

HU SHIH AND THE CHINESE RENAISSANCE
Jerome B. GRIEDER

中国民主化の原点

天安門事件から「08憲章」へ

（中国民主化のための闘いと希望）

劉暁波著
劉燕子編
横澤泰夫・及川淳子・劉燕子・蒋海波訳
序＝子安宣邦

「事件の忘却」が「日中友好」ではない。隣国、中国における「08憲章」発表と不屈の詩人の不当逮捕・投獄を我々はどう受けとめるか。

四六上製　三二〇頁　**三六〇〇円**
（二〇〇九年一二月刊）
◇978-4-89434-721-2

日中関係の未来は「民間」にあり！

「私には敵はいない」の思想

（中国民主化闘争二十余年）

劉　暁波

「劉暁波」は、我々の問題だ。

劉霞／劉燕子／徐友漁／杜光／王力雄／李鋭／丁子霖・蒋培坤／張博樹／余杰／麻生晴一郎／子安宣邦／及川淳子／峯村健司／藤井省三／藤野彰／横澤泰夫／加藤青延／矢吹晋／林望／清水美和／城山英巳

四六上製　四〇〇頁　**三六〇〇円**
（二〇一一年五月刊）
◇978-4-89434-801-1

半島と日本は、本当に似た国か!?

「地政心理」で語る半島と列島

ロー・ダニエル

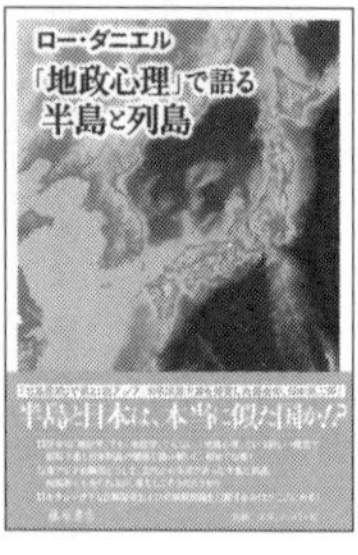

従来の「地政学」でも「地経学」でもない、「地政心理」という新しい概念で朝鮮半島と日本列島の関係を読み解いた、初めての書。東アジアの隣国どうしで、古代から交流があった半島と列島。相似形とも見られるが、果たしてそうか？　ギクシャクする日韓関係および北朝鮮問題を打開する糸口がここにある。

四六上製　四〇〇頁　**三六〇〇円**
（二〇一七年一〇月刊）
◇978-4-86578-139-7

今、何が問題か。

日韓関係の争点

小倉和夫／小倉紀蔵／小此木政夫／金子秀敏／黒田勝弘／小針進／若宮啓文
高銀＝跋　小倉紀蔵・小針進＝編

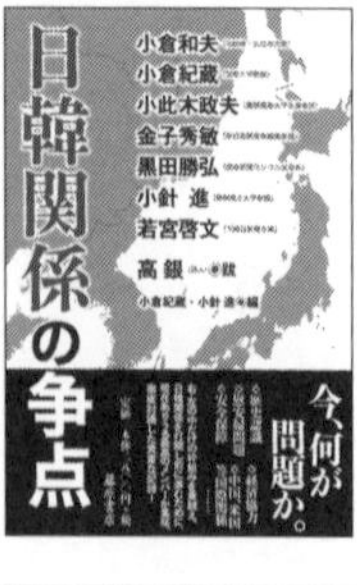

歴史認識、経済協力、慰安婦問題、安全保障、中国・米国等との国際関係……山積する問題の中で、右・左の中だけの枠組みを乗越え、日韓関係を打開し前に進むために、現在ありうる最高のメンバーが集結、徹底討議した貴重な記録！

四六並製　三四四頁　**二八〇〇円**
（二〇一四年一一月刊）
◇978-4-89434-997-1

「人種差別撤廃」案はなぜ却下されたか?

「排日移民法」と闘った外交官

（一九二〇年代日本外交と駐米全権大使・埴原正直）

チャオ埴原三鈴・中馬清福

第一次世界大戦後のパリ講和会議での「人種差別撤廃」の論陣、そして埴原が心血を注いだ一九二四年米・排日移民法制定との闘いをつぶさに描き、世界的激変の渦中にあった戦間期日本外交の真価を問う。

〈附〉埴原書簡

四六上製　四二四頁　**三六〇〇円**
（二〇一一年一二月刊）
◇978-4-89434-834-9

ビッグスリーが繰り広げる駆け引き

奇妙な同盟Ⅰ・Ⅱ

（ルーズベルト、スターリン、チャーチルは、いかにして第二次大戦に勝ち、冷戦を始めたか）

J・フェンビー　河内隆弥訳

一九四一年八月の大西洋会談から四五年八月の日本降伏まで、数々の挿話・秘話を散りばめた、二十世紀で最も重要な指導者たちの四年間の物語。「スターリンは寡黙だったが、ルーズベルトは始終とりとめなく話し、チャーチルは際限なく喋った」。

口絵各八頁

四六上製　Ⅰ三六八頁　Ⅱ三八四頁　**各二八〇〇円**
（二〇一八年三月刊）
Ⅰ◇978-4-86578-161-8
Ⅱ◇978-4-86578-162-5

ALLIANCE
Jonathan FENBY

屈辱か解放か

ドキュメント占領の秋 1945

毎日新聞編集局　**玉木研二**

一九四五年八月三十日、連合国軍最高司令官マッカーサーは日本に降り立った——無条件降伏した日本に対する「占領」の始まり、「戦後」の幕開けである。新聞や日記などの多彩な記録から、混乱と改革、失敗と創造、屈辱と希望の一日一日の「時代の空気」たちのぼる迫真の再現ドキュメント。

写真多数

四六並製　二四八頁　**二〇〇〇円**
（二〇〇五年一二月刊）
◇978-4-89434-491-4

百枚の写真と手紙で知る、古都の光と闇

米軍医が見た占領下京都の六〇〇日

二至村菁　日野原重明＝推薦

占領軍政を耐える日本人群像を、GHQ未発表資料や証言とともに、二十五歳の米軍医の眼をとおして鮮やかに描くノンフィクション物語。

「戦争はどんな人間をもクレージーにしてしまうほど異常な事態です。太平洋戦争中の731部隊の行動はその後どのような影響をもたらしたのか、それが本書によって明白にされていきます。」（日野原重明）

カラー口絵一六頁

四六上製　四四〇頁　**三六〇〇円**
（二〇一五年九月刊）
◇978-4-86578-033-8

無関心と絶望を克服する責任の原理

大反転する世界
（地球・人類・資本主義）

M・ボー
筆宝康之・吉武立雄訳

差別的グローバリゼーション、新しい戦争、人口爆発、環境破壊……この危機状況を、人類史的視点から定位。経済・政治・社会・エコロジー・倫理を総合した、学の〝新しいスタイル〟から知性と勇気に満ちた処方箋を呈示。

四六上製　四三二頁　**三八〇〇円**
（二〇〇二年四月刊）
◇978-4-89434-280-4
LE BASCULEMENT DU MONDE
Michel BEAUD

待望の増補決定版刊行！

増補新版
資本主義の世界史
1500-2010

M・ボー
筆宝康之・勝俣誠訳

資本主義の五百年史を統一的視野のもとに収め、大好評を博した書に、世紀の転換期を挟む約二〇年の展開を論じた一章を加筆した決定版。

A5上製　五六八頁　**五八〇〇円**
（一九九六年六月／二〇一五年五月刊）
◇978-4-89434-796-0
HISTOIRE DU CAPITALISME 1500-2010
Michel BEAUD

歴史的転換期を世界史の中で捉える

1968年の世界史

A・バディウ、O・パス、I・ウォーラーステイン、西川長夫、針生一郎、板垣雄三　ほか

フランス、アメリカ、メキシコ、ソ連、そしてアジア……世界規模での転換期とされる「1968年」とは如何なるものであったのか？　第一級の識者による論考を揃え、世界の「現在」の原点となった、その「転換」の核心を探る。

四六上製　三三六頁　**三二〇〇円**
（二〇〇九年一〇月刊）
品切◇978-4-89434-706-9

陸のアジアから海のアジアへ

海のアジア史
（諸文明の「世界＝経済」）

小林多加士

ブローデルの提唱した「世界＝経済」概念によって、「陸のアジアから海のアジアへ」視点を移し、アジアの歴史の原動力を海上交易に見出すことで、古代オリエントから現代東アジアまで、地中海から日本海まで、広大なユーラシア大陸を舞台に躍動するアジア全体を一挙につかむ初の試み。

四六上製　二九六頁　**三六〇〇円**
（一九九七年一月刊）
◇978-4-89434-057-2